MW00897628

MUNDO)real

MEDIA *edition*

Cuaderno para hispanohablantes

1

Authors:
Equipo Prisma Latinoamericano

Coordination Team:
David Isa, Celia Meana and Nazaret Puente

With special thanks to Linda Vélez-Prikazsky, Roma Buendía, and María Mayberry for their contributions

Cuaderno para hispanohablantes: 978-1-107-47292-1

Printed in the United States of America

Editorial Coordination:
David Isa and Mar Menéndez

Cover Design:
Juanjo López

Design and Layout:
Carlos Casado, Juanjo López and Sara Serrano

Illustrations:
Carlos Casado

Photos:
Thinkstock, Shutterstock

Cambridge University Press
32 Avenue of the Americas
New York, NY 10013

Editorial Edinumen
José Celestino Mutis, 4. 28028 Madrid. España
Telephone: (34) 91 308 51 42
Fax: (34) 91 319 93 09
e-mail: edinumen@edinumen.es
www.edinumen.es

To the Student

Heritage speakers of Spanish bring a unique set of experiences and skills to the language classroom. Many heritage speakers have a strong understanding of spoken Spanish, but might have little experience reading or writing in the language.

The **Cuaderno para hispanohablantes** is designed to provide additional challenges for heritage language students at the high school level, and help heritage learners with the use of written accents, proper spelling, and practice reading and writing skills. This workbook recognizes the value in heritage speakers' experience, and embraces the diverse knowledge of the Spanish language that heritage students bring to the classroom.

To the Teacher

Though a classroom that includes both monolingual English and heritage speakers is not without its challenges, each heritage student can be a positive presence and a unique resource for other students in the classroom. Establish a spirit of mutual respect and appreciation for all heritage speakers, regardless of proficiency level, as well as for monolingual English speakers who are new to Spanish. Invite your heritage speakers to introduce themselves and explain how much Spanish they know and who they learned it from. Encourage them to share what they can do well in Spanish and what skills they want to improve. Some of your heritage learners may understand spoken Spanish, but may not feel comfortable speaking. Encourage all students to learn from each other and to help one another.

The **Cuaderno para hispanohablantes** focuses on developing the linguistic skills of heritage speakers. The **Cuaderno** builds confidence by recognizing the value in heritage speakers' experience, and embracing the diverse knowledge of the Spanish language that these students bring to the classroom. To this end, the **Cuaderno para hispanohablantes** features the following:

- **Vocabulario** provides challenging activities that connect the unit themes to students' own lives and experiences.
- **Ampliación de vocabulario** encourages students to learn more about their own language usage, build and improve on what they know, and recognize regional differences.
- **Gramática** topics mirror those in the Student's Book, but are presented in Spanish and in greater depth.
- **Expansión de gramática** challenges students to go above and beyond the topics in the Student's Book and explore additional grammar structures.
- The skills represented in **Destrezas** include reading, writing, and public speaking: key skills for heritage speakers who already have a strong grasp of spoken Spanish.
- Students practice with the sounds and spelling of Spanish in **Fonética y ortografía**.
- The last section, **Cultura**, focuses on topics that celebrate the rich experiences and traditions of the Spanish-speaking world.

In addition, each level of the series corresponds directly to the *Mundo Real Media Edition* Student's Book, with complementary grammar and vocabulary sequencing. All activity direction lines are in Spanish. New audio activities, created specifically for the **Cuaderno para hispanohablantes**, accompany many of the activities.

DESTREZAS	CULTURA
• Lectura: *Formas de saludarse en la cultura hispana* • Escritura: *Escribir un anuncio en una revista* • Discurso: *Presentarse* • Fonética y ortografía: *Las abreviaturas*	• Famosas latinoamericanas
• Lectura: *Viviendas en España y en Argentina* • Escritura: *Escribir un email para describir tu casa* • Discurso: *Comparar viviendas* • Fonética y ortografía: *Las letras* h, ll, y	• Tipos de vivienda en Latinoamérica
• Lectura: *Los nombres y apellidos en los países de habla hispana* • Escritura: *Describir a tu familia* • Discurso: *Presentar a tu familia* • Fonética y ortografía: *La letra* c	• Tipos de familia
• Lectura: *La rutina de la siesta* • Escritura: *Escribir un correo a un amigo* • Discurso: *Hablar sobre una rutina* • Fonética y ortografía: *Las letras* b *y* v	• Las fiestas
• Lectura: *Las tapas* • Escritura: *Escribir una crítica culinaria* • Discurso: *Hablar sobre la comida* • Fonética y ortografía: *Las letras r y rr*	• Platos típicos y sus recetas
• Lectura: *Correos electrónicos de ciudades hispanas* • Escritura: *Describir tu ciudad o pueblo* • Discurso: *Hablar de anuncios de carros* • Fonética y ortografía: *Las letras* g *y* j	• La Ruta Panamericana
• Lectura: *Celebraciones* • Escritura: *Escribir sobre costumbres sociales* • Discurso: *Describir una imagen* • Fonética y ortografía: *Las sílabas y el acento*	• Guía de viajes a Salamanca y Lima
• Lectura: *Cómo escoger carrera* • Escritura: *Escribir un ensayo* • Discurso: *Hablar por teléfono* • Fonética y ortografía: *La tilde diacrítica*	• Paisajes latinos

UNIDAD 1

HOLA, ¿QUÉ TAL?

A. VOCABULARIO

LOS NÚMEROS DEL 0 AL 31 (Textbook pp. 42-43)

1.1 **¿Cuántos hay? Escribe el número en letra.**

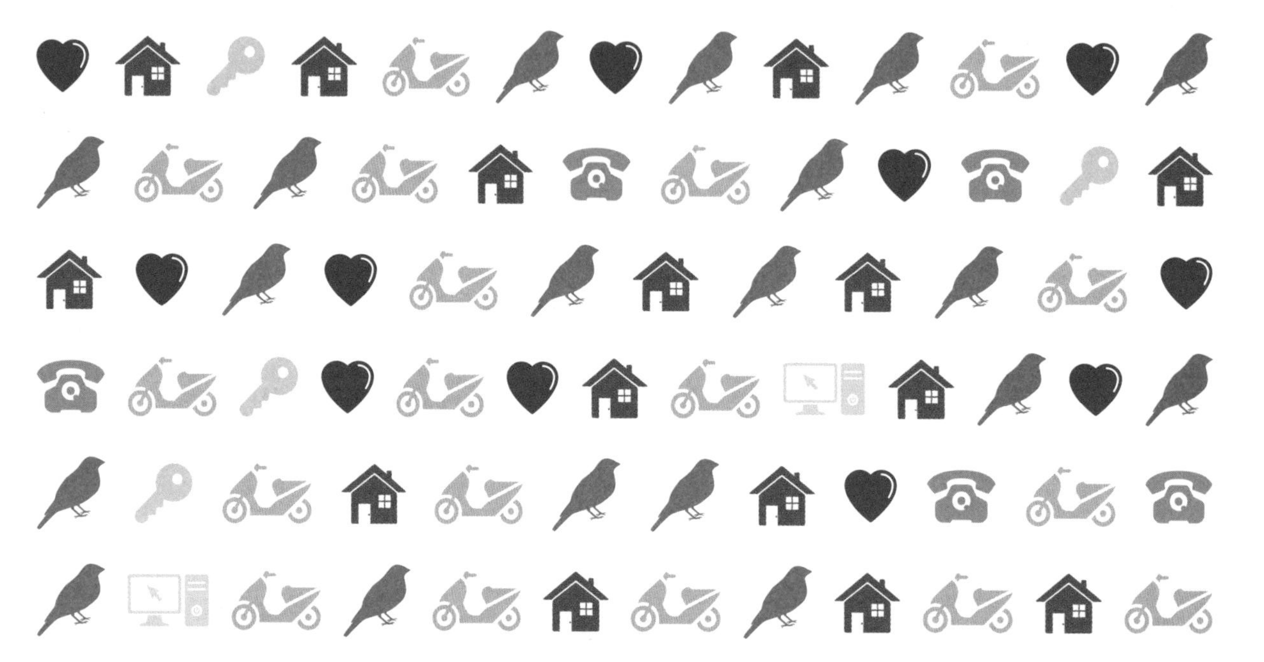

a. corazones ....
b. casas ....
c. llaves ....
d. teléfonos ....
e. pájaros ....
f. motos ....
g. computadoras ....

1.2 **Escribe los mismos números, pero al revés.**
Modelo: 23 ➔ (32) treinta y dos.

a. 41 ➔ ....
b. 81 ➔ ....
c. 42 ➔ ....
d. 52 ➔ ....
e. 12 ➔ ....
f. 91 ➔ ....
g. 51 ➔ ....
h. 71 ➔ ....
i. 62 ➔ ....

1.3 **Relaciona un elemento de cada columna.**

1. Ciento uno menos uno. .... b. 100
2. Cincuenta y dos menos treinta.
3. Ochenta y ocho entre ocho.
4. Seis por diez.
5. Dieciocho por cinco.
6. Cuarenta y dos menos quince.
7. Once más cinco.
8. Diez por cuatro.

a. 16
b. 100
c. 40
d. 27
e. 22
f. 11
g. 90
h. 60

A. VOCABULARIO

1.4 Escribe el nombre de los siguientes números.

a. 30 ➜ ....
b. 40 ➜ ....
c. 50 ➜ ....
d. 60 ➜ ....
e. 70 ➜ ....
f. 80 ➜ ....
g. 90 ➜ ....
h. 100 ➜ ....

LOS MESES DEL AÑO Y LA FECHA (Textbook p. 44)

1.5 Escribe las fechas de cumpleaños de estas personas e indica cuántos años tienen ahora. Escribe lo que sabes de ellas.

Modelo: Rico Rodriguez (7/31/1998). El cumpleaños de Rico Rodriguez es el 31 de julio. Ahora tiene... años. Es actor en la serie Modern Family.

a. Mariano Rivera (11/29/1969)
b. Sonia Sotomayor (6/25/1954)
c. Selena Gomez (7/22/1992)
d. Enrique Iglesias (5/8/1975)
e. Guillermo del Toro (10/9/1964)
f. Gerard Piqué (2/2/1987)

1.6 Busca en Internet la fecha en que estos países celebran el Día de la Independencia.
Modelo: Estados Unidos: *el 4 de julio.*

a. Bolivia: ....
b. Perú: ....
c. Venezuela: ....
d. Cuba: ....
e. Nicaragua: ....
f. En el país de donde viene tu familia: ....

1.7 Contesta las preguntas.
a. ¿Cuándo es el cumpleaños de tu madre o tu padre? ¿Cuántos años tiene?
b. ¿Qué fecha es la más importante para ti? ¿Por qué? ¿Qué haces ese día?
c. ¿Cuándo termina la escuela este año? ¿Y cuándo empieza el próximo curso?
d. Elige una fecha histórica y explica qué ocurrió.

LOS PAÍSES Y LAS NACIONALIDADES (Textbook p. 45)

1.8 Coloca los países de la lista en los mapas.

a. Costa Rica
b. El Salvador
c. Guatemala
d. Nicaragua
e. Puerto Rico
f. Cuba
g. República Dominicana
h. México

Continúa

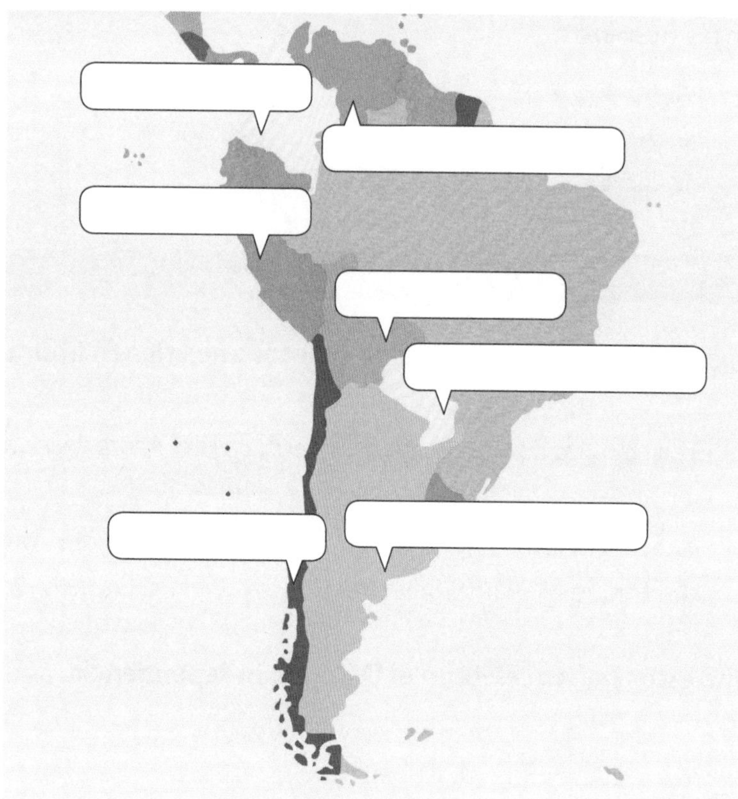

i. Argentina
j. Chile
k. Venezuela
l. Bolivia
m. Perú
n. Colombia
ñ. Paraguay

1.9 **Escribe la nacionalidad de cada uno de los países anteriores.**

a. Costa Rica	**f.** Cuba	**k.** Venezuela ....
b. El Salvador	**g.** República Dominicana	**l.** Bolivia ....
c. Guatemala	**h.** México	**m.** Perú ....
d. Nicaragua	**i.** Argentina	**n.** Colombia ....
e. Puerto Rico	**j.** Chile	**ñ.** Paraguay ....

1.10 **Relaciona y escribe la información.**

Nombre	Profesión	Nacionalidad
1. Evo Morales	**a.** poeta	**A.** colombiana
2. Shakira	**b.** político	**B.** cubano
3. Junot Díaz	**c.** deportista	**C.** boliviano
4. Diego Rivera	**d.** cantante	**D.** chilena
5. Penélope Cruz	**e.** actriz	**E.** española
6. Gabriela Mistral	**f.** pintor	**F.** mexicano
7. José Contreras	**g.** autor	**G.** dominicano

Modelo: **1.** *Se llama Evo Morales, es político y es boliviano.*

2. .... **5.** ....
3. .... **6.** ....
4. .... **7.** ....

LAS FORMAS DE LAS NACIONALIDADES

Normalmente:

Masculino → Femenino –o → –a	Plural + –s	Masculino → Femenino –és → –esa	Plural: + –es, –s
*argentin**o*** → *argentin**a***	*argentin**os*** → *argentin**as***	*ingl**és*** → *ingl**esa***	*ingl**eses**** → *ingl**esas***
*cuban**o*** → *cuban**a***	*cuban**os*** → *cuban**as***	*franc**és*** → *franc**esa***	*franc**eses**** → *franc**esas***
*italian**o*** → *italian**a***	*italian**os*** → *italian**as***	*portugu**és*** → *portugu**esa***	*portugu**eses**** → *portugu**esas***

Con su propia forma:

Masculino / Femenino	Plural: + –es, –s	Plural: + –s
*alem**án*** / *alem**ana***	*alem**anes**** / *alem**anas***	*brasileñ**os*** / *brasileñ**as***
*españ**ol*** / *españ**ola***	*españ**oles*** / *españ**olas***	
*brasileñ**o*** / *brasileñ**a***		

* *Sin acento.*

Invariable:

Masculino y Femenino	Plural: + –s
estadounidense	*estadounidense**s***
canadiense	*canadiense**s***
costarricense	*costarricense**s***

1.11 Transforma según el ejemplo.

a. El son es de Cuba. .... Es cubano.
b. Los mariachis son de México. ....
c. La miel de maple es de Canadá. ....
d. El café es de Brasil. ....
e. La pasta es de Italia. ....
f. El oso panda es de China. ....
g. Los videojuegos Nintendo son de Japón. ....
h. Los elefantes son de África. ....
i. El canguro es de Australia. ....
j. La guitarra es de España. ....

Los mariachis son de México.

1.12 Busca en Internet el origen de las siguientes cosas. Incluye algún tipo de información que no sabías antes.

Modelo: el chocolate → El chocolate es de origen mexicano. La palabra *chocolate* viene de la lengua maya y náhualt de México.

a. el tango
b. la papa
c. el chicle o goma de mascar
d. el merengue
e. el turrón
f. el coquí

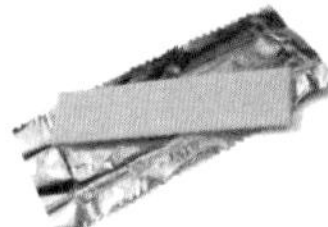

C. GRAMÁTICA

1. LOS ARTÍCULOS DETERMINADOS E INDETERMINADOS (Textbook p. 46)

Los artículos determinados

- Los artículos determinados **el**/**la**/**los**/**las** sirven para identificar y hablar de un objeto o persona que conocemos o del que ya hemos hablado.
  – *Los estudiantes de mi grupo son simpáticos.*

	Masculino	Femenino
Singular	**el** libro	**la** pizarra
Plural	**los** cuadernos	**las** sillas

Los artículos indeterminados

- Los artículos indeterminados **un**/**una**/**unos**/**unas** sirven para hablar de un objeto o persona por primera vez o cuando no queremos especificar.
  – *En la clase hay* ***una computadora*** (primera vez). ***La computadora*** (segunda vez) *es de la profesora.*
  – *En mi calle hay un cine.*

	Masculino	Femenino
Singular	**un** diccionario	**una** mesa
Plural	**unos** bolígrafos	**unas** sillas

- A veces, cuando utilizamos *hay* con una palabra plural se elimina el artículo:
  – *En mi calle hay (unos) restaurantes.*

1.13 **Completa el texto con los artículos *un, una, unos, unas*.**

En el salón 117 hay (a) .... profesora que tiene (b) .... lápiz en (c) .... mano, y corrige (d) .... ejercicios de gramática. (e) .... estudiante tiene (f) .... problema con los artículos: (g) ...., (h) ...., (i) .... y (j) .... La profesora le dice: "Fíjate, (k) .... pluma, (l) .... cuaderno, (m) .... hojas y (n) .... libros".

1.14 1 **Escucha las palabras y escríbelas en la columna correspondiente.**

Masculino	Femenino

1.15 **Escoge la opción correcta en cada oración. Y al final, completa la historia de una manera original.**

En **un/el** salón 34 hay **una/la** mesa grande para **un/el** profesor. Hay sillas, **un/el** pizarrón negro y **un/el** mapa. En **un/el** salón 34 hay diecisiete estudiantes. **Unos/Los** estudiantes ahora no están, porque son **unas/las** siete de la mañana. **Un/El** hombre alto y con lentes oscuros entra en el salón. **Un/El** hombre está nervioso. Busca algo. Toma **unos/los** libros antiguos del librero y **unas/las** carpetas de plástico y sale deprisa...

....

....

....

2. EL PRESENTE DE INDICATIVO DEL VERBO *SER* Y LOS PRONOMBRES PERSONALES

(Textbook pp. 47-48)

Los pronombres personales

- El pronombre personal puede o no aparecer en la frase:
  – *(Yo) soy Clara.*
- Hay pronombres personales **femeninos**: *ella, nosotras, vosotras* y *ellas.*
- Hay dos pronombres **formales**: *usted/ustedes.*

Singular	Plural
yo	*nosotros/as*
tú	*vosotros/as*
él/ella/usted	*ellos/ellas/ustedes*

El presente de indicativo del verbo *ser*

SER			
Yo	**soy**	Nosotros/as	**somos**
Tú	**eres**	Vosotros/as	**sois**
Él/ella/usted	**es**	Ellos/ellas/ustedes	**son**

- Usamos el verbo ***ser*** para:

Identificarse:
- **Ser** + nombre
  – *Soy Miriam Rubio.*
  – *Es el señor García.*

Decir la nacionalidad u origen:
- **Ser** + adjetivo de nacionalidad
  – *Soy mexicana.*
- **Ser** + **de** + nombre de país, ciudad…
  – *Soy de Monterrey.*

Decir la profesión:
- **Ser** + nombre de profesión
  ➤ Yo *soy profesora de español, ¿y tú?*
  ▷ *(Yo soy) Estudiante.*

Expansión gramatical

- En España se utiliza el pronombre personal ***vosotros/as*** para la segunda persona del plural en lugar de ***ustedes***:
  – *Ustedes son Carmen y María.* ➜ *Vosotras sois Carmen y María.*
- En España, ***tú*** y ***vosotros/as*** se usan para hablar con amigos y familia, es informal. ***Usted*** y ***ustedes*** se utilizan para hablar con personas mayores, desconocidas o en situaciones más formales.
  – ***Usted es*** *la abuela de Ana.* ➜ ***Ustedes son*** *la señora García y el señor Valbuena.*

  En Argentina, la segunda persona del singular (***tú***) es ***vos*** y lleva otra forma del verbo:
  – *Tú eres de Buenos Aires.* ➜ *Vos sos de Buenos Aires.*
- También se usa ***vos*** y no ***tú*** en estos países de Latinoamérica: Costa Rica, Guatemala, Nicaragua, Uruguay, El Salvador, Honduras y Paraguay.

1.16 **Transforma las preguntas de *tú* a *usted* y *ustedes*.**

Tú	Usted	Ustedes
a. Hola, ¿cómo te llamas?		
b. ¿Cómo estás?		
c. ¿Eres colombiano?		
d. ¿De dónde eres?		
e. ¿Cuántos años tienes?		

1.17 **Observa las imágenes y completa los espacios en blanco con el pronombre personal adecuado.**

a. ....

b. ....

c. ....

d. ....

e. ....

f. ....

g. ....

h. ....

1.18 **Completa el texto con la forma correcta del verbo *ser*.**

Hola:

He empezado mi curso de español, ¡por fin! (a) .... veintidós alumnos en total y el profesor Martínez, que (b) .... de Perú. Hay dos muchachas y un muchacho que también hablan español como yo. Susana tiene 16 años y (c) .... argentina. Patricia tiene 15 años, (d) .... de aquí, pero sus padres (e) .... de Puerto Rico. Las dos (f) .... muy simpáticas. Jorge (g) .... otro amigo de clase. (h) .... de México y juega para el equipo de fútbol de la escuela. ¡(i) .... un excelente jugador! Yo (j) .... miembro del equipo de tenis, pero los cuatro (k) .... miembros del club de español. Todos los estudiantes quieren hablar con nosotros para mejorar su español y para hacerles la tarea, ja, ja. ¡(l) .... muy populares!

Un abrazo,

Celina

1.19 **Escribe un texto similar al anterior.**

....

....

....

3. PRESENTE DE INDICATIVO DE *LLAMAR(SE)* Y *TENER* (Textbook pp. 49-50)

1.20 Lee la información y completa los espacios en blanco con las formas de los verbos *llamarse* y *tener* que ya has usado.

	LLAMARSE	TENER
Yo	me ______	______
Tú	te ______	______
Él/ella/usted	se ______	______
Nosotros/as	nos llamamos	tenemos
Vosotros/as	os llamáis	tenéis
Ellos/ellas/ustedes	se llaman	tienen

- El verbo **llamarse** es regular, pero pronominal (lleva pronombre).
- Se usa para:

Presentarse y saludar:

➤ *Hola, **me llamo*** + nombre. *¿Y tú? (¿cómo te llamas?)*

▷ *(Me llamo)* + nombre.

Presentar a otro:

➤ *¿Cómo se llama?*

▷ *Se llama* + nombre.

- El verbo ***tener*** es irregular en la primera persona: ***tengo***.
- Las formas ***tiene***, ***tienes***, ***tienen*** son irregulares porque diptongan (cambian de e > ie).
- Se usa para:

Expresar posesión y pertenencia:

– *Javier y Susana **tienen** una casa grande.*

– *Carlos **tiene** un diccionario.*

Decir la edad:

– *Javier **tiene** 18 años.*

– *Los estudiantes **tienen** 15 años.*

Expansión gramatical

- Para preguntar el nombre y el apellido:
  - ***¿Cómo te llamas / te apellidas?***
  - ***¿Cómo se llama / se apellida usted?***
- Para responder:
  - ***Me llamo / Soy** Ana.*
  - ***Me apellido** Sánchez.*
- Para preguntar la edad:
  - *¿Cuántos años **tienes / tiene usted**?*
  - *¿Qué edad **tienes / tiene usted**?*
- Para responder:
  - *Tengo 16 años.*

1.21 Completa con los pronombres *me, te, se, nos*. Después, contesta las preguntas al final.

a. ➤ Buenos días, ¿cómo .... llamas?

▷ .... llamo Lidia.

b. ➤ Hola, ¿cómo .... llama tu hermano?

▷ .... llama Alberto.

c. ➤ Hola, buenos días, ¿cómo .... llaman tus padres?

▷ .... llaman José y Ana.

d. ➤ Hola, ¿cómo .... llaman ustedes?

▷ .... llamamos Ángeles y Mía.

e. Escribe los pronombres que acompañan a las formas del singular del verbo *llamarse*: ...., ..., ...

f. Escribe los pronombres que acompañan a las formas del plural: ...., ...

1.22 **Relaciona las frases.**

1. Carmen y Nadia
2. Guadalupe tiene
3. Carlos y Ana
4. ¿De dónde
5. Juan y yo
6. ¿Eres
7. Se llama Emilio,
8. Estos estudiantes
9. El tango es
10. ¿Qué edad

a. son de Chile.
b. es João?
c. somos estudiantes.
d. estadounidense?
e. argentino.
f. 46 años.
g. son profesores.
h. tiene usted?
i. es español.
j. son bolivianas.

1.23 **Completa con los verbos *llamarse, ser* o *tener*. Después, completa el cuadro con la información de la presentación.**

(a) .... Alejandra. Mis apellidos (b) .... Menéndez Blanco pero solo uso el de mi padre. (c) .... mexicana y (d) .... veinte años. (e) .... de Puebla, una ciudad muy bonita en el centro del país. (f) .... estudiante de Medicina en la Universidad Autónoma de Puebla. Estudio para ser médica porque yo creo que es una profesión muy interesante. También estudio inglés y portugués para hablar con mis amigos. (g) .... dos amigos estadounidenses. (h) .... Robert y Michelle; ellos (i) .... de Minnesota. También (j) .... una buena amiga brasileña que (k) .... Thais. (l) .... del sur de Brasil. Mis amigos (m) .... veintidós años los tres y estudian Medicina y español.

Hasta luego. Besos,

Ale

Nombre: .... Apellidos: ....

Nacionalidad: .... Edad: ....

Estudios: ....

Lenguas que habla: ....

1.24 **Usa la información del cuadro y escribe un resumen de lo que sabes de Alejandra. Después, preséntala a la clase.**

....

....

1.25 **Escribe una presentación sobre ti mismo. Sigue el modelo de la presentación de Alejandra. No olvides hablar de lo que haces, cuántos amigos tienes, cómo se llaman, etc.**

....

....

LECTURA

■ Antes de leer

1.26 Antes de leer el texto, fíjate en el título y piensa en lo que ya sabes del tema. Después, contesta las preguntas según tus costumbres.

Reading Strategy: Predicting content

Often times, the title of a reading will trigger personal associations with the topic that allow you to think ahead about the information that will likely be discussed in the passage. Predicting the content of readings will allow you to anticipate new vocabulary you encounter.

a. Cuando ves a tus amigos, ¿cómo los saludas? ¿Les das un beso? ¿Les das la mano?
b. ¿Cómo saludas a tu familia cuando la ves?
c. ¿Saludas a los hombres de una manera diferente que a las mujeres? Explica cómo es.

■ Leer

1.27 Lee el texto.

Formas de saludarse en la cultura hispana

La cultura del saludo varía dependiendo del estatus social y de la edad de las personas. Debido a la riqueza multicultural de cada pueblo y, aunque todos compartamos palabras, en cada país podemos encontrar diferentes alternativas para saludar:

- Dar la mano es el saludo más universal y sirve de puente para dos culturas diferentes.
- El abrazo y el apretón de manos con ambas manos es un saludo informal entre amigos y familiares.

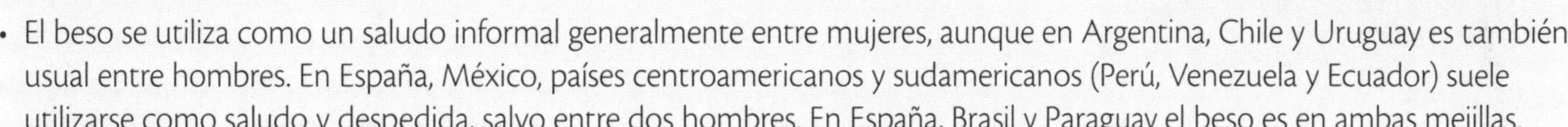

- El beso se utiliza como un saludo informal generalmente entre mujeres, aunque en Argentina, Chile y Uruguay es también usual entre hombres. En España, México, países centroamericanos y sudamericanos (Perú, Venezuela y Ecuador) suele utilizarse como saludo y despedida, salvo entre dos hombres. En España, Brasil y Paraguay el beso es en ambas mejillas.

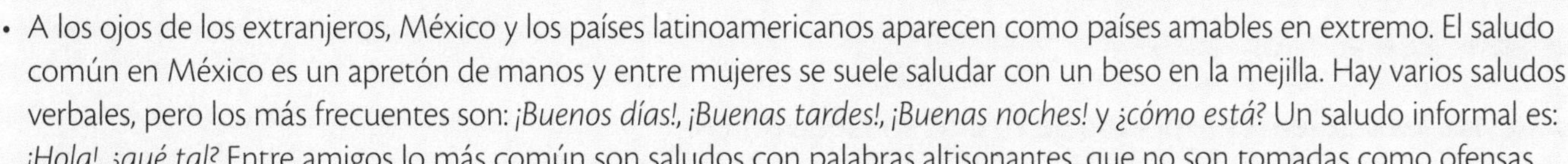

- A los ojos de los extranjeros, México y los países latinoamericanos aparecen como países amables en extremo. El saludo común en México es un apretón de manos y entre mujeres se suele saludar con un beso en la mejilla. Hay varios saludos verbales, pero los más frecuentes son: *¡Buenos días!*, *¡Buenas tardes!*, *¡Buenas noches!* y *¿cómo está?* Un saludo informal es: *¡Hola!*, *¿qué tal?* Entre amigos lo más común son saludos con palabras altisonantes, que no son tomadas como ofensas.

En México se considera más cortesano decir "señorita" que "señora", aun cuando se trate de una señora casada. Terminada la visita en una casa, en donde se repiten los cumplidos, es común escuchar la siguiente frase para despedir a una persona: "Señor/a, ya sabe usted que mi casa es su casa".

■ Después de leer

1.28 Completa el cuadro para comparar las costumbres que se mencionan en el texto con las costumbres que conoces de tu país de origen y de Estados Unidos.

Según el texto...	En mi país de origen	En Estados Unidos
El saludo más común es...		
Los hombres en...		
Las mujeres en...		
Un saludo informal es...		
Algunos saludos verbales son...		

ESCRITURA

■ Antes de escribir

WRITING STRATEGY: IDENTIFYING YOUR AUDIENCE

When you write an email to a friend, even one you haven't met yet, it is essential to organize it logically and to use the correct tone. In this type of informal communication, you are expected to address the audience with the **tú** form rather than the **usted** form.

1.29 Antes de empezar a escribir, piensa en cómo te vas a dirigir a esta persona.

a. ¿Cuáles son algunas expresiones que puedes usar para saludar a esta persona por primera vez?
b. ¿Qué cosas le quieres preguntar?
c. ¿Qué expresiones puedes usar para despedirte de él/ella?

■ Escribir

1.30 Escribe un anuncio en la revista de contacto *Busco* para encontrar con quien escribirte. Tienes que enviarlo por correo electrónico y tu carta debe contener:

- un saludo
- tus datos personales
- lenguas que hablas
- aficiones y preferencias
- preguntas para él/ella
- despedida

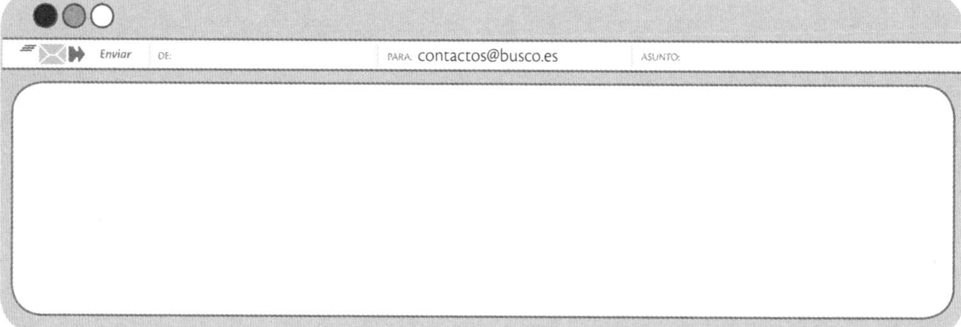

■ Después de escribir

1.31 Revisa los siguientes aspectos de tu correo electrónico:

- Ortografía: dos signos de interrogación y exclamación (¿?, ¡!).
- Precisión gramatical: trato informal, la estructura de las oraciones.
- Coherencia de ideas y organización de la información.

DISCURSO

ORAL PRESENTATION STRATEGY: TALK, DON'T READ

Look at your notes only occasionally. Remember it more important for you to present your information in a natural and relaxed way than it is to capture word for word what you have prepared.

1.32 **Preséntate durante un minuto a un grupo de profesores de español que buscan candidatos para el comité ejecutivo del club de español en tu escuela. Sigue las pautas.**

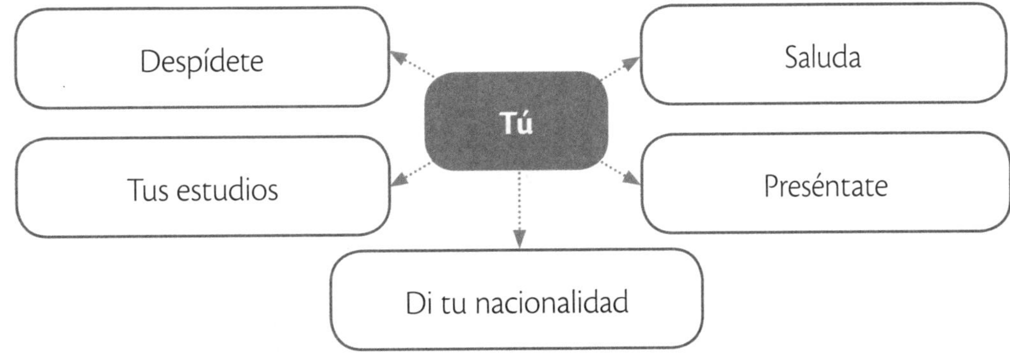

FONÉTICA Y ORTOGRAFÍA

Abreviaturas

- En español decimos ***señor***, ***señora*** y ***señorita***, pero cuando escribimos podemos utilizar ***Sr.*** (*señor*), ***Sres.*** (*señores*), ***Sra.*** (*señora*), ***Sras.*** (señoras), ***Srta.*** (*señorita*).
- Otras son: ***Dr.*** (*doctor*), ***Dra.*** (*doctora*), ***Prof.*** (*profesor*), ***Profa.*** (*profesora*).

1.33 **Elige la forma correcta en los diálogos siguientes.**

1. Hola, buenas tardes, les presento al .... Martínez.
a. ▢ Sres. **b.** ▢ Sr. **c.** ▢ Sra.

2. Mucho gusto. Yo soy la .... López, la secretaria.
a. ▢ Sra. **b.** ▢ Sr. **c.** ▢ Sres.

3. Este es el .... Fernández. Es un médico muy bueno.
a. ▢ Sra. **b.** ▢ Prof. **c.** ▢ Dr.

4. ¿De dónde es la .... Pizzi? Habla muy bien el español.
a. ▢ Sra. **b.** ▢ Prof. **c.** ▢ Dr.

5. Mira estos son la .... García y el .... Valbuena, los directores de la escuela
a. ▢ Sra., Dra. **b.** ▢ Prof., Profa. **c.** ▢ Srta., Sr.

1.34 **Lee y completa los textos con las abreviaturas.**

Luis Carrasco Peláez
Carmen Valera Cruz

Martín Crespo Porras
Mercedes Castro Ramiro

Les invitan al enlace de sus hijos Elena y Enrique
que tendrá lugar el próximo 12 de julio en la iglesia de San Martín.

Se ruega confirmación

[   ] Carrasco Valera
Tel. 619 234 523

[   ] Crespo Castro
Tel. 626 132 413

[   ] Julián
Sánchez Mateos
Jefe de Servicio de Odontología
Hospital Clínico Universitario

FAMOSAS LATINOAMERICANAS

1.35 **¿Sabes quiénes son estas personas? Sus fotos aparecen en prensa, televisión, cine, Internet... ¡Son famosas! Escribe su nombre completo.**

Salma ....

.... Kahlo

.... Stefan

Penélope ....

.... Mebarak

1.36 **Estas son sus breves biografías. Lee los textos y decide a qué personaje de los anteriores corresponden.**

Nace en 1966 en Veracruz (México). Profesión: actriz, empresaria y productora. Protagonista en las telenovelas: *Un Nuevo amanecer* y *Teresa*. Actriz en las películas *Desperado* (1995), *Mi vida loca* (1993) y *Bandidas* (2005), entre otras.

a. ....

Nace en 1977 en Barranquilla (Colombia). Profesión: cantante. Es la estrella latinoamericana más importante en los últimos años. Ganadora de 2 *Premios Grammy* y 7 *Grammy Latinos*. Algunas de sus canciones son: *Estoy aquí, Ciega, sordomuda, La tortura, Whenever, wherever* y *Waka waka (Esto es África)*, tema oficial del Mundial de Sudáfrica 2010.

b. ....

Nació en 1974 en Madrid (España). Profesión: actriz. Algunas de sus películas: *Belle Époque* (1992), *Abre los ojos* (1997), *La niña de tus ojos* (1998), *Todo sobre mi madre* (1999), *Woman On Top* (2000), *La mandolina del capitán Corelli* (2001), *Volver* (2006). Oscar de Hollywood con *Vicky Cristina Barcelona* (2008).

c. ....

Nace en La Habana (Cuba) en 1957. Profesión: cantante, compositora y actriz. Conocida comúnmente como la *Madre del pop latino* o también como la *Madonna latina* por ser la cantante latina que pone de moda el género pop latino universalmente. Algunos de sus éxitos: *Dr. Beat, Conga, Mi tierra, Alma caribeña.*

d. ....

Nace en 1907 en la Ciudad de México y muere en 1954. Profesión: pintora. Algunas de sus obras más importantes: *Mi nana y yo, El difunto Dimas, Mis abuelos, mis padres y yo.*

e. ....

E. CULTURA

1.37 **¿Conoces a Jennifer López? Completa la ficha con la información que sabes.**

- Nacionalidad: ....
- Estado civil: ....
- Profesión: ....
- ¿Tiene hijos?: ....

1.38 2 **Thiago es de Puerto Rico y es fanático de Jennifer López. Escucha lo que dice, comprueba si las respuestas anteriores son correctas y corrígelas si es necesario.**

1.39 2 **Escucha de nuevo y completa la información que falta sobre Jennifer López.**

Datos personales
- Nombre: Jennifer Lynn López
- Profesión: actriz
- Alias: ....
- Lugar de residencia: ....
- Origen: ....

Información familiar
- Padres: David y Guadalupe
- Hermanas: Lynda es DJ
- Origen: ....
- Profesiones: ....
- Profesión: David es programador de computadoras y Guadalupe...

Información personal
- Último exmarido: ....
- Profesión: ....
- Origen: Puerto Rico
- Número de hijos: ....

1.40 **Elige a un personaje famoso de origen latino y completa una ficha similar a la anterior. Puedes buscar la información que te falta en Internet.**

1.41 **Con los datos que tienes, escribe un texto sobre ese personaje. Di quién es, a qué se dedica, por qué es conocido, habla de su vida personal y, si es posible, pega una foto.**

Mi personaje

FOTO

UNIDAD

2

ESTÁS EN TU CASA

A. VOCABULARIO

LOS COLORES (Textbook p. 68)

2.1 **Describe el color de los siguientes elementos en oraciones completas. Usa las formas correctas del verbo *ser* y de los colores.**

amarillo • azul • blanco • café • negro • rojo • transparente • verde

Modelo: La leche es blanca.

a. El algodón ....

b. La sangre ....

c. La noche ....

d. Las estrellas por la noche ....

e. El cielo ....

f. El agua ....

g. La hierba ....

h. La madera ....

i. El maíz ....

j. Las ventanas ....

k. Los jeans ....

l. El café sin leche ....

2.2 **Escribe el color que te sugieren estas palabras y explica por qué y da ejemplos.**

Modelo: Para mí, la alegría es amarilla porque es el color del sol y siempre estoy contento cuando hace sol.

a. la tristeza ....

b. la esperanza ....

c. la guerra ....

d. la paz ....

e. el estrés ....

f. la amistad ....

LA CASA Y LOS MUEBLES (Textbook pp. 69-70)

2.3 **Clasifica estas palabras en la tabla e incluye 5 palabras más que conoces.**

sofá • lavadora • cama • lavabo • tina • sillón • cómoda • librero • mesita de noche • escusado • almohada • fregadero • refrigerador • espejo

Sala	Cocina	Recámara	Baño

2.4 **Responde a esta pregunta con la habitación. Describe también en qué lugar lo pondrías.**
¿Qué habitación de la casa es mejor para colocar...

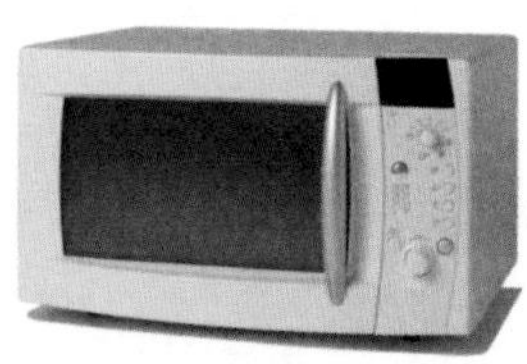

...un microondas?

...un segundo televisor?

...una foto de tus hermanas?

...un recuerdo de China?

2.5 **Lee el correo que te manda un amigo tuyo desde la universidad. Primero dibuja el cuarto que describe. Después busca en un catálogo en línea tres accesorios y recomiéndaselos a tu amigo. Indícale el precio, el color, y dónde lo puede colocar en su estudio.**

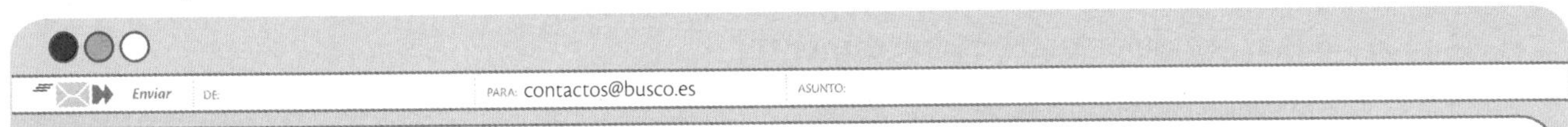

Necesito consejo. Mi lugar favorito es el estudio. Es un cuarto amplio y luminoso y me gustaría decorarlo con cosas chéveres. Verás, en el suelo hay un tapete de rayas azules y rojas. Tengo una mesa grande de madera para estudiar. La computadora está en un mueble especial y tengo una silla con ruedas que es muy cómoda. Así puedo ir de un lado para otro sin levantarme, ja, ja. También tengo un librero donde pongo mis libros, videojuegos, DVD y mucho más. Exactamente entre el librero y la puerta, hay una planta verde y enorme. ¿Qué otras cosas crees que debería poner? Mi presupuesto es de 125 dólares y mi tienda favorita es IKEA.

Modelo: *Debes comprar...*

LOS NÚMEROS DEL 32 AL 101 (Textbook p. 71)

2.6 **¿Qué representan los siguientes números? Relaciona los números con la información que representan. Si no estás seguro/a, búscalo en Internet.**

1. treinta y dos
2. cuarenta y ocho
3. cincuenta
4. cincuenta y dos
5. sesenta
6. sesenta y cinco
7. setenta y seis
8. ochenta
9. noventa y ocho punto seis

a. El nombre del equipo de básquetbol de Filadelfia.
b. El número de semanas en un año o el número de cartas en una baraja.
c. El número de estrellas en la bandera de Estados Unidos.
d. El número de minutos en una hora.
e. La edad a la que se puede retirar la gente.
f. El número de estados entre Canadá y México.
g. El número de días en la novela clásica *La vuelta al mundo en .... días.*
h. La temperatura normal del cuerpo en Fahrenheit.
i. La temperatura en Fahrenheit a la que se congela el agua.

2.7 **Escribe en letra los siguientes números.**

a. Javier trabaja (40) .... horas a la semana.
b. Toluca está a (64) .... km del D.F.
c. En la escuela hay (57) .... salones de clase.
d. Hay (46) .... sillas en clase.
e. La parada del bus está a (100) .... metros.
f. Hay (96) .... platos en la cocina.

2.8 **Busca en Internet el equivalente de estas cifras en dólares en la moneda oficial de los siguientes países. Escribe el número en letra e incluye el nombre de la moneda.**

Cantidad en dólares US	Países	Equivalente en moneda oficial del país
diez dólares	Bolivia	
	Venezuela	
dos dólares	Honduras	
	Nicaragua	
cinco dólares	México	
	Argentina	
	El Salvador	
treinta y cinco dólares	España	
	Perú	

B. AMPLIACIÓN DE VOCABULARIO

LAS CASA Y LOS MUEBLES

2.9 **Puede haber otras maneras de expresar en español las partes de la casa y los muebles. Indica cómo lo dices tú y lo oyes decir en tu familia. Luego, comprueba la palabra en algún diccionario en línea. ¿Está reconocida? ¿La deletreaste correctamente?**

	Yo lo digo así...	En el diccionario
el armario		
la estufa		
la mesilla		
la bañera		
la estantería		
el lavabo		

	Yo lo digo así...	En el diccionario
el salón		
el dormitorio		
el apartamento		
el garaje		
¿Otro mueble o lugar?		

MÁS NÚMEROS

Centenas, millares y millones

- **Centenas**

100 cien
101 ciento uno
102 ciento dos...
200 doscientos
300 trescientos
400 cuatrocientos
500 quinientos
600 seiscientos
700 setecientos
800 ochocientos
900 novecientos
999 novecientos noventa y nueve

- **Millares**

1.000 / 1000 mil
1.400 / 1400 mil cuatrocientos
2.000 / 2000 dos mil
3.000 / 3000 tres mil

- **Millones**

1.000.000 / 1 000 000 un millón
1.200.000 / 1 200 000 un millón doscientos mil
2.000.000 / 2 000 000 dos millones
2.300.000 / 2 300 000 dos millones trescientos mil

- La palabra ***mil*** no tiene forma plural: 3.400 ➡ *tres mil cuatrocientos.*
- En español se usa punto en vez de coma como separador. También se puede escribir sin punto entre los números.

En español	En inglés
1.354 / 1354	1,354

- El año se escribe sin punto como en inglés, pero se lee en millares.

1986 ➡ *mil novecientos ochenta y seis.*
2015 ➡ *dos mil quince.*

2.10 **Cambia las siguientes oraciones para describir tu situación o tus preferencias. Escribe los números en letra. Si no sabes la información, búscala en Internet.**

a. Yo nací en el año *1986*.

b. Soy de *Albuquerque*. La población es de aproximadamente *1.165.000* habitantes.

c. Prefiero vivir en una ciudad *pequeña*, de *no más de 25.000* habitantes.

d. Mi dirección es *calle Batista, número 257.*

e. Hay más de *3.300* estudiantes en mi escuela.

f. Si compro un carro, no pienso gastar más de *7.500* dólares.

1. GÉNERO Y NÚMERO DE NOMBRES Y ADJETIVOS. CONCORDANCIA (Textbook pp. 72-73)

El género: masculino o femenino

- En español hay dos géneros, **masculino** y **femenino**: *el niño/la niña; el perro/la perra.*
- Los nombres masculinos generalmente terminan en ***–o***: *el chico, el libro.*
- Los nombres femeninos generalmente terminan en ***–a***, ***–dad*** y ***–ción***: *la chica, la actividad, la acción.*

Otros casos

- Masculinos que terminan en ***–a***: *el mapa, el día.*
- Femeninos que terminan en ***–o***: *la mano, la foto.*
- Nombres que terminan en ***–e***, masculinos o femeninos: *el coche, la leche.*
- Dos palabras diferentes para masculino y femenino: *el caballo/la yegua.*
- Invariables: *el/la cantante, el/la periodista.*
- Son masculinos los nombres de los números y de los días de la semana: *el cinco, el sábado.*

El número

- El número indica la **cantidad de objetos** o personas a la que nos referimos con el nombre.
  - Un solo objeto o persona ➡ singular
  - Más de un objeto o persona ➡ plural
- Los nombres y adjetivos que terminan en **vocal no acentuada** añaden **–s** al formar el plural:
  – *El map**a** grand**e**.* ➡ *Los map**as** grand**es**.* *La agend**a** pequeñ**a**.* ➡ *Las agend**as** pequeñ**as**.*
- Los nombres y adjetivos que terminan en **consonante** o **vocal acentuada** añaden ***–es***:
  – *El pape**l** blanco.* ➡ *Los papel**es** blancos.* *El exame**n** fáci**l**.* ➡ *Los exámen**es** fácil**es**.*
- Los adjetivos concuerdan en género y número con el nombre al que acompañan:
  – ***El** papel blanc**o**.* ➡ ***Los** papel**es** blanc**os**.*

2.11 Completa los espacios en blanco con ejemplos.

- Los nombres que terminan en **vocal** ➡ plural en **–s**: (1) ...., (2) ...., (3) ....
- Los nombres que terminan en **consonante** ➡ plural en (4) ....: (5) ...., (6) ....

Expansión gramatical: El género de los números

- Los números del 200 al 999 concuerdan en género con el nombre al que acompañan.

	Con nombres masculinos	Con nombres femeninos	
100	**cien** libros	**cien** mesas	**Ciento** no cambia.
101	**ciento un** libros	**ciento una** mesas	
102	**ciento dos** libros	**ciento dos** libros	
200	doscient**os** libros	doscient**as** mesas	Concuerda en género.
201	doscient**os un** libros	doscient**as una** mesas	
620	seiscient**os** veinte libros	seiscient**as** veinte mesas	
631	seiscient**os** treinta y **un** libros	seiscient**as** treinta y **una** mesas	

- ***Uno*** cambia a ***un*** delante de un nombre masculino.

C. GRAMÁTICA

2.12 **Clasifica las palabras en el recuadro correspondiente. Puedes usar el diccionario.**

marcadores • lápiz • garajes • carpetas • lecciones • problema • mapas fotos • papelera • día • calle • meses • leche • árboles • canción • sillón

Masculino		Femenino	
Singular	Plural	Singular	Plural

carpeta.
(Del fr. carpette, tapete
1. f. Útil de escritorio

¡Atención!
El diccionario siempre indica el género de cada nombre.

2.13 **Pasa las frases del singular al plural o viceversa.**

a. Los bolígrafos son azules. ....
b. La silla es pequeña. ....
c. No tengo las llaves. ....
d. El profesor de mi amigo es uruguayo. ....
e. El sello de la postal es de Francia. ....
f. Es un muchacho mexicano. ....
g. La mochila está en clase. ....
h. Tengo un libro de gramática. ....

2.14 **Describe tu dormitorio. ¿Qué objetos hay y de qué color son? ¿Qué objetos personales llevas normalmente?**

....

....

2. PRESENTE DE INDICATIVO REGULAR: VERBOS TERMINADOS EN -AR (Textbook pp. 73-74)

- El presente de indicativo regular de los verbos terminados en ***–ar*** se forma añadiendo a la raíz del verbo las siguientes terminaciones:

HABLAR			
Yo	habl**o**	Nosotros/as	habl**amos**
Tú	habl**as**	Vosotros/as	habl**áis**
Él/ella/usted	habl**a**	Ellos/ellas/ustedes	habl**an**

Usos del presente de indicativo

- Para dar información sobre una situación presente:
  – *Andy y Francisca **cantan** en el coro.*
- Para hablar de acciones habituales:
  – *Todos los días **camino** a la escuela.*
- Para dar una definición:
  – *Escuela es un lugar donde **estudiamos**, **tiene** salones de clase, una biblioteca y un gimnasio.*

2.15 Completa la conjugación de los siguientes verbos regulares en *–ar*.

	ESCUCHAR	DESCANSAR	TRABAJAR
Yo			
Tú			
Él/ella/usted			
Nosotros/as			
Vosotros/as			
Ellos/ellas/ustedes			

2.16 Observa las imágenes y completa las frases.

a.

Nosotros .... en grupo.

b.

Tú .... muy tarde.

c.

Ustedes .... en la piscina los lunes.

d.

Malena .... de 9 a 15h.

2.17 Escribe el infinitivo correspondiente a cada forma. Después, escribe una frase con cada una de ellas.

	Infinitivo	Frase
a. compro		
b. llevas		
c. entramos		
d. desayuno		
e. tomas		
f. llego		
g. ceno		
h. ayuda		

2.18 Escribe un texto de cinco líneas sobre tu rutina diaria. Incluye actividades que haces con tu familia y con tus amigos.

Me llamo .... Soy de .... Normalmente..

....

....

....

3. EL VERBO *ESTAR* (Textbook pp. 75)

PRESENTE DE INDICATIVO DEL VERBO *ESTAR*

- El verbo ***estar*** termina en ***–ar*** en infinitivo, pero es irregular en la primera persona del singular.

ESTAR			
Yo	**estoy**	Nosotros/as	**estamos**
Tú	**estás**	Vosotros/as	**estáis**
Él/ella/usted	**está**	Ellos/ellas/ustedes	**están**

- El verbo ***estar*** sirve para **situar** a las personas y a los objetos en el espacio.
  – *En mi habitación hay una computadora. La computadora **está** encima de la mesa de estudio.*

EXPANSIÓN GRAMATICAL: *ESTAR* VS. *HAY*

- Se usa ***hay*** para hablar de la existencia de algo o de alguien o de su cantidad. También sirve para referirse a una cosa o persona desconocida. Tiene una sola forma para singular y plural.

  Hay + *un* / *una* / *unos* / *unas* + nombre

  – *En mi calle **hay una farmacia**.* – *¿**Hay una cafetería** en tu escuela?*
- Se usa está para localizar o situar una cosa o a una persona en un lugar.

  El / ***La*** + nombre en singular + **está**

  – *La profesora está en clase.*
- Se usa están para localizar o situar varias cosas o a varias personas en un lugar.

  Los / ***Las*** + nombre en plural + **están**

  – *Los restaurantes están en la plaza.*

2.19 **Completa la descripción con *está, están* y *hay*.**

Vivo en una casa de dos familias. No es muy grande pero es muy bonita y yo estoy muy contenta de vivir aquí. La casa (a) .... algo lejos de la escuela pero la parada del bus (b) .... muy cerca. Nosotros vivimos en el primer piso y (c) .... un apartamento pequeño en el segundo. El barrio tiene mucho movimiento. En mi calle (d) .... tiendas de ropa y también (e) .... dos farmacias, una pastelería y un supermercado pequeño. Los restaurantes más populares (f) .... en la plaza. En el barrio (g) .... un ambiente muy intercultural porque se mezclan personas de diferentes países.

2.20 **Forma frases con los elementos de las columnas.**

1. ¿Cómo	**a.** estoy	**A.** en el librero.
2. Hoy no	**b.** estás	**B.** ustedes?
3. ¿Dónde	**c.** estás	**C.** en la biblioteca.
4. Allí	**d.** está	**D.** muy bien. No sé qué me pasa.
5. Mis amigos y yo	**e.** está	**E.** el baño?
6. Los diccionarios	**f.** estamos	**F.** contentos con nuestras clases este año.
7. ¿Qué tal	**g.** están	**G.** mi casa, la que tiene la puerta verde.
8. Los estudiantes	**h.** están	**H.** usted hoy? ¿Mejor que ayer?

2.21 **Observa las fotos y completa las frases con *estar*, afirmativa o negativamente, según la información de la imagen.**

Modelo: Mi abuelo... (conmigo, en la cama, cansado).
Mi abuelo no está conmigo. No está en la cama. Está cansado.

a. Selena... (en casa, en la oficina, ocupada, sola, con clientes).

b. Los clientes... (en un sofá, juntos en la misma mesa, interesados en la presentación).

c. Yo... (en un restaurante, en el trabajo, solo, con mi novia).

d. Mi novia y yo... (con otros amigos, solos en la mesa, solos en el restaurante).

2.22 **Completa las preguntas con la forma correcta de *estar*.**

a. ¿Dónde .... (tú) generalmente antes de la clase de español? ¿Dónde .... (tú) generalmente después de la clase? ¿Dónde .... tus padres normalmente a la hora de la clase de español?

b. ¿ .... tu casa/apartamento cerca de la escuela? ¿Hasta qué hora .... (tú) en tu casa/apartamento por la mañana? ¿Cuántas horas .... (tú) en la escuela todos los días? ¿Cuánto tiempo .... en la clase de español?

c. ¿Te gusta más .... con tus amigos o solo/a los fines de semana? Los fines de semana, ¿.................... (tú) más con tu familia o con tus amigos? ¿Qué días .... ustedes juntos generalmente? A veces, ¿te gusta .... solo/a?

2.23 **Ahora contesta las preguntas anteriores y utiliza las respuestas para escribir un texto sobre tu día y tus preferencias.**

Generalmente antes de la clase de español ....

LECTURA

Antes de leer

READING STRATEGY: SCANNING A TEXT FOR SPECIFIC INFORMATION

Search for particular information that you think will be in the text. Then read the text through quickly at least twice to gather the information you are seeking.

2.24 Marca con N la información de la lista que normalmente encuentras en anuncios para alquilar viviendas. Marca con I los aspectos que consideras importantes para ti y con M los que son menos importantes.

- ☐ tipo de vivienda
- ☐ localización
- ☐ garaje/cochera
- ☐ número de habitaciones
- ☐ baño moderno
- ☐ amueblado
- ☐ cocina moderna
- ☐ metros cuadrados (m^2)
- ☐ precio
- ☐ piscina/pileta
- ☐ gimnasio
- ☐ jardín

Leer

2.25 Lee estos anuncios de viviendas en España y en Argentina. Después, completa las fichas.

Piso de 70 m^2 en Madrid

Se vende un piso con una superficie de 70 m^2, tres habitaciones, una cocina y un baño. Situado en el centro de la ciudad.
Precio: 210 000 euros.

España

Tipo de vivienda: ....

Habitaciones: ....

Metros cuadrados (m^2): ....

Localización: ....

Casa en venta o alquiler, La Alameda Zona Norte de Buenos Aires

Casa en venta o en alquiler tipo chalé en barrio cerrado, a las afueras de la ciudad. Está en la zona norte de Buenos Aires, a 30 km del centro. La casa tiene un terreno de 800 m^2 y 180 m^2 de vivienda. Tres dormitorios, cocina americana, living, comedor, baño, cochera, jardín con pileta y parrilla. La Alameda ofrece instalaciones deportivas y un entorno natural.

Argentina

Tipo de vivienda: ....

Habitaciones: ....

Metros cuadrados (m^2): ....

Localización: ....

2.26 **Escribe la siguiente información con letras.**

a. 210 000 euros ....

b. 180 m^2 ....

c. 30 km ....

■ Después de leer

2.27 **Contesta las preguntas.**

a. ¿Aparecen los aspectos que esperas ver en un anuncio de este tipo? Escribe los aspectos que en tu opinión faltan.

....

....

b. ¿Qué más te gustaría saber de estas viviendas?

....

....

c. ¿Cuál de las dos te interesa más? ¿Por qué?

....

....

ESCRITURA

■ Antes de escribir

WRITING STRATEGY: USING CONVENTIONAL PHRASES

It is common to use a casual style with a cordial tone when sharing personal information by e-mail. Familiarize yourself with conventional phrases in e-mail correspondence.

@ ➜ arroba
.com ➜ punto com
correo electrónico o *e-mail*

2.28 **Lee el siguiente texto y completa el correo electrónico.**

➜ La chica que escribe se llama Eva Moutinho. Eva escribe un correo a su amigo Pedro, que vive en Nueva York. El e-mail de Eva es eva@hotmail.com. El e-mail de Pietro es pietro@hotmail.com. Eva habla en el correo de las viviendas en Madrid.

Enviar | DE: | PARA:

ASUNTO:

Querido/a...

Un beso/abrazo,

■ Escribir

2.29 Usa el mismo formato y escríbele un e-mail a Eva sobre cómo es tu casa y lo que haces con tu familia.

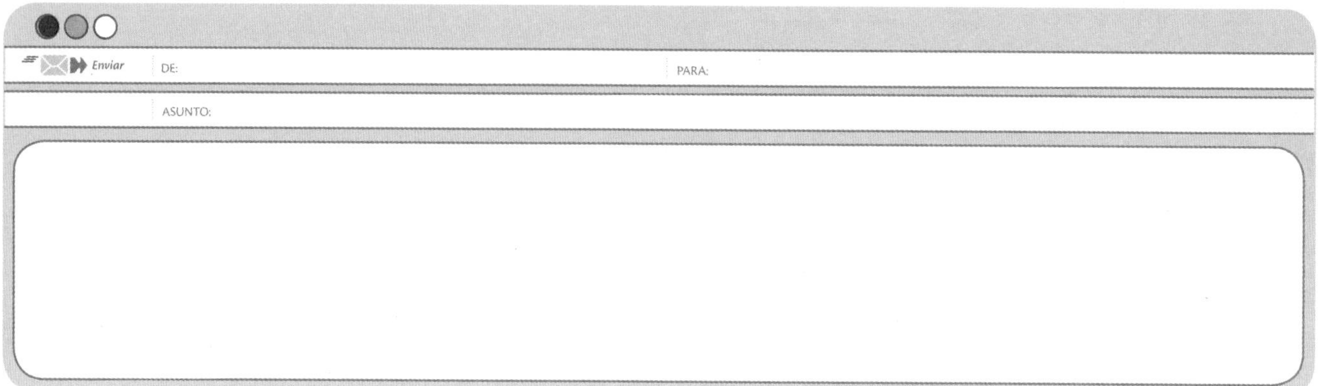

■ Después de escribir

2.30 Revisa los siguientes aspectos de tu descripción:

- Vocabulario relacionado con la casa.
- Precisión gramatical: la concordancia en género y número.
- Coherencia de ideas y organización de la información.
- Ortografía.

DISCURSO

Oral Presentation Strategy

Make a comparison-contrast chart or Venn diagram to determine similarities and differences.

2.31 Vuelve a leer el anuncio de vivienda de Buenos Aires, Argentina, y compáralo con las viviendas típicas de tu país o comunidad.

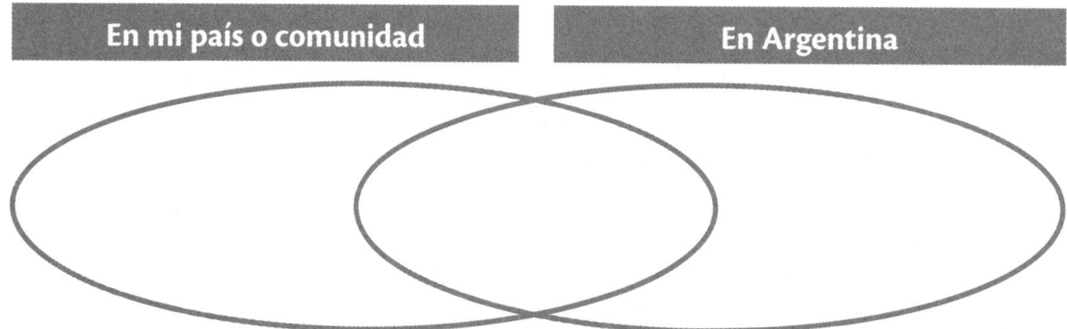

Modelo:

- En mi país la vivienda preferida es una casa/un piso/un apartamento...
- La gente mayoritariamente vive en el campo/la ciudad/el centro/los alrededores...
- Normalmente tiene...

FONÉTICA Y ORTOGRAFÍA

■ Las letras *h*, *ll*, *y*

2.32 **Busca en la sopa de letras las palabras que corresponden a las imágenes.**

H E G O E L L A C A
R U J N P I Y L M Z
O B E V A L L A V H
N H S V S K A F L O
U A I D O E T U B S
Y P O E E V R B A P
A Y Y I L S E U H I
S E O E P O Y H E T
E G Y E R O H O T A
D E J N A I V U L L

¡Atención! En la sopa de letras aparece una palabra que no tiene dibujo. ¿Cuál es?

Pista: lugar donde va la gente cuando está enferma

2.33 3 **Dictado.**

a. ....

b. ....

c. ....

d. ....

e. ....

TIPOS DE VIVIENDA EN LATINOAMÉRICA

2.34 Contesta las preguntas según tu opinión.

a. ¿Crees que el tipo de vivienda refleja la forma de vida o el nivel socioeconómico de las personas que viven en ella? Explícalo.

b. ¿Piensas que existen grandes diferencias entre las casas de las ciudades o del campo? Explícalo.

2.35 Vas a ver algunos tipos de vivienda rural en Latinoamérica para conocer un poco más a su gente y las diferencias entre las distintas viviendas de campo o de ciudad. Lee los siguientes textos y relaciona cada uno con una imagen.

1. ....

2. ....

3. ....

4. ....

5. ....

a. El **rancho** es una vivienda de campesinos. Los ranchos son de ladrillo y tienen un techo de rama o paja. Están fuera de la ciudad, en áreas de América del Sur: Paraguay y Bolivia. También están en Uruguay y Venezuela, pero dentro de la ciudad.

b. La **hacienda** es una vivienda y un lugar de trabajo. Es una gran extensión de terreno en el campo. Compuesta por una casa de una sola planta de estilo colonial con patio central y forma de "L" o "U", con jardines, establos y las casas de los capataces y de los trabajadores que están a los lados.

c. El **bohío** es un tipo de cabaña utilizada por los indios taínos, de planta circular, construida en madera, paja y barro, y sin ventanas. Esta vivienda es muy atractiva turísticamente y está muy extendida, especialmente en República Dominicana.

d. La **choza** es una casa colectiva, a veces temporal, utilizada por campesinos donde viven varias familias. Está hecha de palos y ramas.

e. Un **palafito** es una construcción con pilares en los lagos, las lagunas, los caños y situada al borde del mar. Se encuentra en Chile, Argentina, Venezuela, Panamá, Perú y Colombia.

E. CULTURA

2.36 Completa estas frases sobre los textos de la actividad anterior.

a. Puedes ver ranchos en las ciudades de ....

b. Las haciendas son de estilo .... A los lados están las casas de los .... y de los ....

c. El bohío es una .... de planta circular construida en madera, paja y barro, sin ....

d. .... es una casa colectiva utilizada por campesinos donde viven ....

e. .... es una construcción con ...., en los lagos, las lagunas o al borde del mar.

2.37 Di si las siguientes afirmaciones sobre la vida en el campo o la ciudad en Latinoamérica te parecen verdaderas o falsas.

Antes de escuchar (V F)		Después de escuchar (V F)
☐ ☐	**a.** La división de clases socioeconómicas no es tan marcada en Latinoamérica.	☐ ☐
☐ ☐	**b.** En las ciudades, las personas más pobres viven en ranchos, casas de vecindad o villas miserias.	☐ ☐
☐ ☐	**c.** La clase media vive en quintas, villas o condominios de lujo.	☐ ☐
☐ ☐	**d.** En el campo las clases acomodadas viven en casas solariegas.	☐ ☐
☐ ☐	**e.** Las churuatas, los palafitos o las rucas son viviendas de origen indígena.	☐ ☐

2.38 4 Escucha esta entrevista y comprueba las respuestas anteriores.

2.39 Vamos a hablar de la vida en la ciudad. Relaciona cada una de estas definiciones con la foto que le corresponde.

a. La casa quinta: son uno o más chalés en el interior de una extensión amplia de terreno. Tienen piscina y espacios para practicar deportes.

b. El departamento: es una unidad de cubierta y autónoma que ocupa solamente parte de un edificio.

c. El condominio: viviendas donde la propiedad es en común y se comparten espacios públicos.

d. El *penthouse* o ático: es un apartamento especial que está en la parte más alta de un edificio con terraza al aire libre.

e. La casa de vecindad: es una antigua casa con patio central que comparten varias familias.

1.

2.

3.

4.

5.

UNIDAD

3

¡MI FAMILIA ES MUY SIMPÁTICA!

A. VOCABULARIO

LA FAMILIA (Textbook pp. 96-97)

3.1 **Lee el siguiente texto y completa el árbol genealógico de esta familia mexicana.**

••➤ Esta es la familia de Jorge. Su **mamá** se llama Rebeca y su **papá** Adalberto.

Jorge tiene dos **hermanos**. Su **hermana** se llama Esperanza y su hermano, Alberto. Esperanza está soltera y Alberto está casado. La **esposa** de Alberto se llama Claudia. Alberto y Claudia tienen una hija. Su **hija** se llama Mirandita. Mirandita es la **nieta** de Rebeca y Adalberto, así que Rebeca y Adalberto son los **abuelos** de ella.

Jorge quiere mucho a su **sobrina**, la hija de Alberto y Claudia. La esposa de Jorge se llama Patricia. Ellos no tienen **hijos** todavía. Además, Jorge es el **tío** favorito de Mirandita.

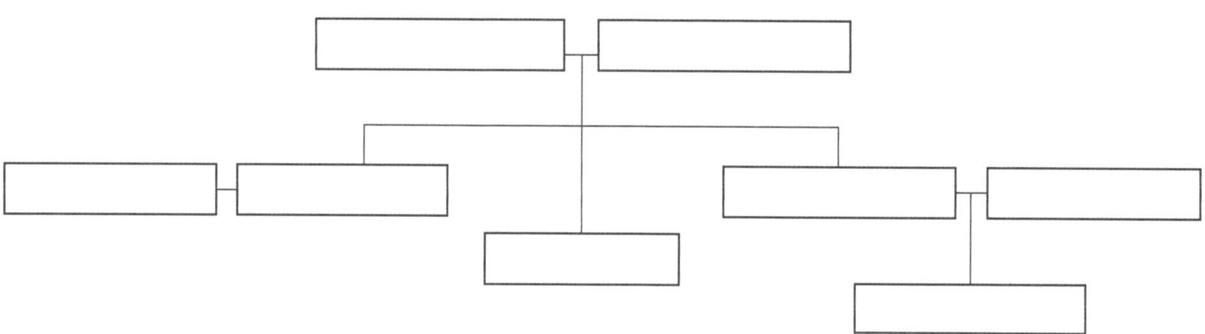

3.2 **Completa el texto.**

••➤ Javier y Laura son esposo y esposa desde hace unos treinta años. Tienen tres hijas: Carmencita, María y Raquel. Carmencita está casada con Juan, un guapo abogado de Morelia. Tienen una hija, Beatriz, de dieciséis años. María está soltera, pero vive con Carlos desde hace un año; no tienen hijos. Raquel está casada también. Su esposo, Felipe, es hermano de Juan, el esposo de Carmencita. Felipe es de Cuernavaca, pero vive en la Ciudad de México desde hace muchos años. Trabaja en una editorial muy importante. Raquel está embarazada y va a tener al niño o la niña, no lo sabe, dentro de seis meses.

Hoy es el cumpleaños de Javier y toda la familia está reunida para comer. En la comida está también Raúl, un compañero de trabajo de Javier. Javier presenta la familia a Raúl:

Raúl, mira, te presento a Laura, Laura es mi (a) .... *; Carmencita, María y Raquel son mis* (b) ....*; Juan es el* (c) .... *de Carmencita, es mi* (d) ....*; Carlos es el* (e) .... *de María. Felipe es mi* (f) .... *también, es el* (g) .... *de Raquel. Y por último, Beatriz mi* (h) .... *En dos meses, Raquel va a tener un* (i) .... *o una* (j) .... *También en dos meses Carmencita y María van a tener un* (k) .... *o una* (l) .... *y, Laura y yo otro* (m) .... *u otra* (n) .... *Esta es mi familia.*

3.3 **Presenta a un amigo a los miembros de tu familia. Describe cómo son y la relación entre ellos. Escribe seis oraciones completas.**

LA ROPA (Textbook pp. 98-99)

3.4 Escribe el precio en la etiqueta.

- La **falda** cuesta 250 pesos.
- Los **pantalones** cuestan 320 pesos.
- Los **lentes** cuestan 200 pesos.
- La **camiseta** cuesta 80 pesos.
- El **vestido** cuesta 500 pesos.
- El **saco** cuesta 450 pesos.
- Las **sandalias** cuestan 180 pesos.
- El **cinturón** de piel cuesta 150 pesos.
- El **bikini** cuesta 350 pesos.
- Los **calcetines** cuestan 30 pesos.

3.5 Indica la palabra correcta.

a. Quiero la falda **rojo/roja** que está en el aparador.
b. Los lentes de sol **grises/gris** me gustan mucho.
c. Busco una blusa **azules/azul** de verano.
d. Los pantalones **negro/negros** son más baratos.
e. Necesito mucha ropa para la reunión en Buenos Aires; unos calcetines **oscuro/oscuros**, una corbata **roja/rojas**, un traje **gris/grises** y una camisa muy, muy **blanca/blancas**.

3.6 Lee y después busca en el diálogo las palabras opuestas.

a. incómodo ≠ ....
b. cortas ≠ ....
c. pequeño ≠ ....
d. flojo ≠ ....

B. AMPLIACIÓN DE VOCABULARIO

LA FAMILIA

3.7 **¿Por qué crees que llaman Mirandita y Carmencita a las niñas en las familias de Jorge y Javier?**

....

3.8 **¿Cuál es la diferencia entre *abuela* y *abuelita*, *abuelo* y *abuelito*? ¿Cuáles usas tú para referirte a tu abuelo o abuela? ¿Por qué?**

....

➜ Es común que cuando los padres y los hijos llevan el mismo nombre, al hijo se le llame en diminutivo para distinguirlos. Por ejemplo:

Juan ➜ .... **Juana** ➜ ....

➜ En México el uso de los diminutivos es una cualidad del carácter nacional, por ser afectuosos, cariñosos y amables. También se le atribuye al náhuatl, cuyo reverencial *tzin* vendría a cumplir la función de *ito/ita*. Por ejemplo: **abuelo** ➜ **abuelito**.

3.9 **¿Tienes esta costumbre en tu familia o alguna parecida? Explícalo con ejemplos.**

....

LA ROPA

3.10 **Puede haber otras maneras de expresar en español las siguientes prendas de ropa. Indica cómo lo dices tú y, luego, comprueba la palabra en algún diccionario en línea. ¿Está reconocida? ¿La deletreaste correctamente?**

	Yo lo digo así...	Comprobar en el diccionario
el abrigo		
la chaqueta		
las zapatillas de deporte		
los jeans		
el jersey		
los lentes		
las sandalias		
¿Otra prenda de ropa?		

3.11 🎧 5 **Julián y Rosario son muy desordenados. Hoy recogen su cuarto y levantan su ropa. Escucha y marca con 1 las cosas de Julián y con 2 las de Rosario.**

- ☐ el suéter azul
- ☐ los pantalones de mezclilla
- ☐ la ropa interior
- ☐ el abrigo de piel
- ☐ la trusa
- ☐ la camisa de seda
- ☐ la pijama
- ☐ los calcetines
- ☐ las zapatillas

1. EL PRESENTE DE INDICATIVO REGULAR (Textbook pp. 100-101)

El verbo y las conjugaciones

Los verbos en español se dividen en **tres** grupos o **conjugaciones**:

- Infinitivo terminado en ***–ar*** como *trabaj**ar***.
- Infinitivo terminado en ***–er*** como *com**er***.
- Infinitivo terminado en ***–ir*** como *viv**ir***.
- Cada conjugación tiene terminaciones diferentes.

	Primera conjugación Verbos en ***-ar*** **TRABAJAR**	Segunda conjugación Verbos en ***-er*** **COMER**	Tercera conjugación Verbos en ***-ir*** **VIVIR**
Yo	trabaj**o**	com**o**	viv**o**
Tú	trabaj**as**	com**es**	viv**es**
Él/ella/usted	trabaj**a**	com**e**	viv**e**
Nosotros/as	trabaj**amos**	com**emos**	viv**imos**
Vosotros/as	trabaj**áis**	com**éis**	viv**ís**
Ellos/ellas/ustedes	trabaj**an**	com**en**	viv**en**

- Hay verbos regulares e irregulares en cada tiempo y modo verbal.
- En muchos verbos irregulares, la persona *nosotros* no cambia: *tenemos, hacemos, jugamos…*

3.12 Completa las oraciones según la información de la tabla anterior.

- La forma de la persona ***yo*** de las tres conjugaciones termina en (a) ....
- Son completamente diferentes las formas de las personas (b) .... y (c) .... en las tres conjugaciones.
- Los verbos de la (d) .... y (e) .... conjugación tienen todas las terminaciones iguales excepto para la persona *nosotros/as*.
- El presente de indicativo se usa para expresar **acciones habituales** en la vida de una persona.

3.13 Completa el cuadro.

	TOMAR	LEER	ESCRIBIR
Yo	tomo		escribo
Tú		lees	escribes
Él/ella/usted	toma	lee	
Nosotros/as			
Vosotros/as	tomáis	leéis	escribís
Ellos/ellas/ustedes	toman		escriben

EXPANSIÓN GRAMATICAL: *Tú o usted*

- Usamos ***tú*** con amigos y familia. Es informal.
- Usamos ***usted/ustedes*** con gente que no conocemos, en el trabajo, con superiores o como marca de respeto hacia los padres. Es formal.
- También usamos ***ustedes*** para la segunda persona del plural, formal o informal.
- En Argentina en lugar de ***tú*** se usa ***vos***: *Vos trabajás / comés / vivís.*
- En España en lugar de ***ustedes*** se usa ***vosotros/as***: *Vosotros/as trabajáis / coméis / vivís.*

3.14 6 **Escucha y completa el cuadro.**

	Formal	Informal
diálogo 1		
diálogo 2		

	Formal	Informal
diálogo 3		
diálogo 4		

3.15 Empareja la forma correcta de cada verbo con los sujetos correspondientes para saber lo que hacen estas personas.

1. Tú...
2. Nosotros...
3. Ustedes...
4. Yo...
5. Carla...

a. compartimos una ensalada durante la cena.
b. siempre comen hamburguesas con queso.
c. hace su tarea y come al mismo tiempo.
d. no lees el periódico porque tienes que ir a la escuela.
e. no escribo cartas porque estoy muy ocupado.

3.16 Elige el verbo más adecuado y escríbelo en la forma correcta.

vender • estar • trabajar • ser • tener • abrir • haber • comprar

Mi hermano (a) .... en una tienda de ropa. (b) .... suéteres, pantalones, faldas, vestidos, etc., ropa informal. La tienda (c) .... a las 10:00 de la mañana todos los días, los domingos también. La tienda (d) .... cerca de la playa y (e) .... muchos turistas que (f) .... allá. Mi hermano (g) .... muy trabajador y (h) .... la tienda muy bonita y ordenada, me gusta mucho.

3.17 Estás en una reunión familiar y observas qué hacen los demás. Escribe seis oraciones completas sobre las cosas que veas.

a. ....
b. ....
c. ....
d. ....
e. ....
f. ....

2. LOS POSESIVOS (Textbook pp. 101-102)

- Los adjetivos posesivos indican pertenencia. Concuerdan con el sustantivo al que hacen referencia y siempre lo preceden. Lee la información y completa los espacios en blanco con el adjetivo correspondiente.

	Nombre de objeto o persona en **Singular**	Nombre de objeto o persona en **Plural**
Yo	______ padre	**Mis** padres
Tú	______ madre	**Tus** hermanos/as
Él/ella/usted	**Su** hijo/a	**Sus** hijos/as
Nosotros/as	______ /nuestra hijo/a	**Nuestros/as** hijos/as
Vosotros/as	**Vuestro/vuestra** profesor/a	**Vuestros/vuestras** profesores/as
Ellos/ellas/ustedes	**Su** amigo/a	______ amigos/as

- Los adjetivos posesivos concuerdan en género y número con el nombre que expresa lo poseído y no con la persona poseedora:

Poseedor	Poseído
Yo	**Mis hermanos** viven en Medellín.

- Los adjetivos posesivos de tercera persona comparten la misma forma:
  Él/ella/usted ➡ ***Su*** *hijo es Pedro* (es el hijo de Juan).
  Ellos/ellas/ustedes ➡ ***Su*** *hijo es Pedro* (es el hijo de Juan y Victoria).

- El contexto nos ayuda a determinar la persona poseedora o bien se deshace la ambigüedad mediante una aclaración:
  – *Su hijo,* ***el de Juan****, es muy simpático.*

- El pronombre personal de segunda persona *(tú)* y el adjetivo posesivo de segunda persona singular *(tu)* comparten forma. El acento gráfico los diferencia:
  Pronombre personal ➡ *¿****Tú*** *eres argentino?*
  Adjetivo posesivo ➡ ***Tu*** *padre es español.*

3.18 **¿A quién se refieren las palabras en negrita? Relaciona las columnas.**

1. **Sus** hermanos viven en Costa Rica.
2. **Mi** hermana se llama Ana.
3. **Tu** padre es español.
4. **Nuestro** abuelo es muy simpático.
5. **Su** nieta tiene diez años.

a. tú
b. nosotros/nosotras
c. él/ella/usted/ellos/ellas/ustedes
d. yo
e. él/ella/usted/ellos/ellas/ustedes

EXPANSIÓN GRAMATICAL

- En España se usa ***vuestro/a/os/as*** en lugar de ***su/sus*** para la segunda persona del plural, informal: *Vuestros primos son los primos de tus hermanos y tú.* = *Sus primos son los primos de tus hermanos y tú.*

3.19 **Señala la respuesta correcta.**

a. **Mi/Nuestras/Mis** primos no están en la fiesta.
b. **Su/Sus/Nuestro** tíos son muy simpáticos.
c. **Mi/Sus/Nuestras** mamá es amiga de Yolanda.
d. **Mi/Nuestras** hermanas son doctoras.
e. **Nuestro/Mis/Nuestros** papá viene mañana a comer.
f. **Mi/Nuestro/Sus** hija está soltera.
g. **Nuestro/Nuestra/Mis** cocina es muy grande.
h. **Sus/Mi/Nuestra** departamento es muy céntrico.
i. **Nuestro/Nuestra/Tu** novia es canadiense.

Tus abuelitos son muy simpáticos.

3.20 **Completa con *mi/mis, tu/tus, su/sus.* El poseedor está en negrita.**

a. **Juan** está casado: .... esposa trabaja en una tienda.
b. Buenos días, **señora López**, ¿está .... hija?
c. **Yo** vivo con .... prima y .... dos hermanas.
d. **Pedro y Juan** nunca escuchan a .... amigos.
e. Hoy **vas** al parque con .... sobrino, ¿verdad?
f. ¿.......................... primos son de Sinaloa como **tú**?
g. ¿**Llamas** a .... papás?
h. **Miriam** tiene .... libros en el librero.
i. **Lee** .... respuestas en voz alta.

¿Dónde tengo mis llaves?

3.21 **Transforma las frases usando un posesivo. Después, escribe un texto sobre dos personas importantes de tu familia. ¿Cómo se llaman? ¿De dónde son? ¿Cuántos años tienen? ¿Dónde viven? ¿Por qué son importantes para ti?**

a. Tengo una hermana. ....
b. Tengo amigos. ....
c. Tenemos amigas. ....
d. Tenemos una hija. ....
e. Tienen dos nietos. ....
f. Tienen un sobrino. ....
g. Tienes un hermano. ....
h. Tengo un primo. ....

....
....
....
....
....

3. LOS DEMOSTRATIVOS (Textbook pp. 102-103)

- Los adjetivos y pronombres demostrativos concuerdan en género y número con el sustantivo al que acompañan y sirven para situarlo:
    1. cerca de la persona que habla (*acá*): ***este***;
    2. a una distancia intermedia entre la persona que habla y la que escucha (*ahí*): ***ese***;
    3. lejos de la persona que habla (*allá*): ***aquel***.

	Masculino singular	Femenino singular	Masculino plural	Femenino plural
acá (cerca)	**este**	**esta**	**estos**	**estas**
ahí (medio)	**ese**	**esa**	**esos**	**esas**
allá (lejos)	**aquel**	**aquella**	**aquellos**	**aquellas**

➤ *¿**Esos** plátanos son baratos?*
⊳ ***Estos** de acá sí, pero **aquellos** de allá son más caros.*

➤ *¿Quiere un kilito de **esas** naranjas?*
⊳ *Sí, deme naranjas, pero no de **estas** de acá, deme de **aquellas** de allá.*

- En algunos países se usa *aquí* por *acá* y *allí* por *allá*.

EXPANSIÓN GRAMATICAL: Pronombres demostrativos neutros

Los pronombres neutros, ***esto***, ***eso*** y ***aquello*** se refieren a un objeto desconocido. También se usan para preguntar por un objeto, situación o idea abstracta.

acá (cerca)	➤ *¿Qué es **esto**?*	⊳ *Una computadora.*
ahí (medio)	➤ *¿Qué es **eso**?*	⊳ *Un abrigo.*
allá (lejos)	➤ *¿Qué es **aquello**?*	⊳ *Un avión.*

3.22 **Tenemos tres listas de objetos situados en diferentes puntos. Tú estás en el círculo. ¿Qué demostrativo puedes utilizar para señalar cada objeto?**

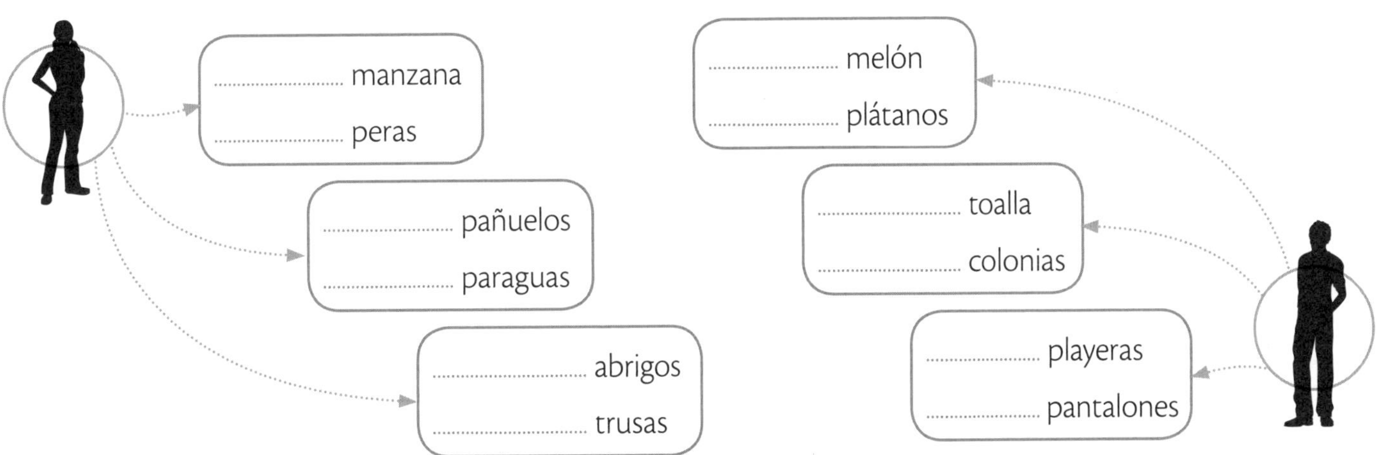

3.23 Contesta a estas preguntas como en el ejemplo.

		Acá	Ahí	Allá
a. ¿Qué es esto?	Una llave	1.		
b. ¿Qué es eso?	....		2.	
c. ¿Qué es aquello?	....			3.
d. ¿Qué es ....?	....	4.		
e. ¿Qué es ....?	....		5.	
f. ¿Qué es ....?	....	6.		
g. ¿Qué es ....?	....			7.
h. ¿Qué es ....?	....		8.	
i. ¿Qué es ....?	....			9.
j. ¿Qué es ....?	....	10.		

3.24 Contesta las preguntas según el modelo.

a. ¿Cuánto cuestan aquellas camisas? (acá) Estas cuestan 20 dólares.
b. ¿Cómo está ese huachinango? (ahí) .... está fresquísimo y buenísimo.
c. ¿A cómo están estos jitomates? (acá) .... están a 2 dólares el kilo.
d. ¿Cuánto valen esos pantalones? (allá) .... valen 30 dólares.
e. ¿Cuánto cuesta esa chamarra? (acá) .... cuesta 48 dólares.
f. ¿Hay alguien en esa casa? (allá) En .... hay tres personas.
g. ¿Tienen bolsas azules en aquella tienda? (ahí) En .... no hay bolsas.
h. ¿Quieres algo de aquella tienda? (ahí) No, no quiero nada de ....

LECTURA

■ Antes de leer

READING STRATEGY: ACTIVATING BACKGROUND KNOWLEDGE

It often helps to refer to background knowledge to help understand a reading. Connect what you already know about a topic to what you are going to learn.

3.25 Antes de leer el texto sobre los nombres y apellidos en los países hispanohablantes, piensa en lo que ya sabes del tema. Después, elige la opción correcta según tu opinión.

	V	F
a. En España, la gente tiene dos apellidos.	☐	☐
b. Las mujeres españolas pierden sus apellidos cuando se casan.	☐	☐
c. La mayoría de países de Latinoamérica no utiliza los dos apellidos.	☐	☐
d. El primer apellido es el de la familia paterna, el segundo el de la familia materna.	☐	☐
e. En los países latinoamericanos, las mujeres mantienen su primer apellido seguido de "de" y del apellido de su esposo.	☐	☐

■ Leer

3.26 Lee el texto y comprueba tus respuestas a la actividad anterior. ¿Acertaste en todas?

LOS NOMBRES Y APELLIDOS EN LOS PAÍSES DE HABLA HISPANA

Hoy en día en muchos países de Latinoamérica y en España, la mayoría de la gente tiene dos apellidos, aunque en algunas situaciones solo se utiliza el primero. El primer apellido es el de la familia paterna. El segundo apellido es el materno.

La mujer en España conserva sus apellidos toda su vida, ya sea soltera, casada, divorciada o viuda en la vida social y burocrática. En México, mantiene su primer apellido seguido de "de" y del apellido de su esposo. En Perú y la República Dominicana, las mujeres normalmente conservan todos los apellidos después de casarse. Por ejemplo, si Rosa María Pérez Martínez se casa con Juan Martín de la Cruz Gómez, ella se llama Rosa María Pérez Martínez de la Cruz.

En Argentina, se utiliza solo el apellido paterno, sin embargo, las mujeres no cambian sus apellidos después de casarse y siguen utilizando sus apellidos en lugar de los de su marido. Algunas mujeres optan por utilizar la vieja costumbre española de usar "de" más el apellido paterno de su marido, como en México.

En Cuba y en Nicaragua, tanto hombres como mujeres llevan sus dos apellidos (el primero de su padre, y el segundo de su madre). Ambos son igualmente importantes y son obligatorios para cualquier documento oficial. Las mujeres casadas nunca cambian sus apellidos originales por los de su marido. Incluso cuando migran a otros países, donde esto es una práctica común, muchas prefieren mantener su apellido de soltera.

■ Después de leer

3.27 Contesta las preguntas según la información del texto y tu propia experiencia. Usa tus respuestas para escribir un texto corto sobre el tema de los apellidos.

a. ¿Qué costumbre tienen en común las mujeres en los países mencionados en el texto?
b. ¿Qué costumbre siguen las mujeres en tu familia y comunidad en cuanto al uso de los apellidos?
c. En tu opinión, ¿qué ventajas hay en seguir esta costumbre? ¿Y desventajas?
d. ¿Qué has aprendido de este texto que no sabías antes?

ESCRITURA

■ Antes de escribir

WRITING STRATEGY: SELECTING THE APPROPRIATE CONTENT

List words and ideas you want to emphasize before you start to write. Put ideas down in your own words. Then organize them in the order in which you will use them in your description.

3.28 Lee el texto sobre esta famosa familia del cine americano. Escoge las palabras e ideas que te pueden ayudar para describir a tu familia.

Mi papá se llama Tarzán y mi mamá es Jane. Mi nombre es Boy. Vivimos los tres en África. Mi papá es muy fuerte y mi mamá, muy buena. Mi papá no lleva pantalones porque hace calor.

A nosotros nos gustan mucho los animales.

Todos los días desayunamos fruta, mi mamá dice que es muy buena para la salud. Mi papá trabaja de…, bueno, él cuida la selva. Es ecologista y no le gusta la gente que corta árboles y mata animales. Y, bueno, no sé qué más contar.

■ Escribir

3.29 Escribe sobre esta famosa familia de la televisión americana desde el punto de vista de Bart Simpson. Describe cómo son, qué relación hay entre ellos y qué ropa llevan. Incluye también algunas de las actividades que suele hacer cada uno. Busca información en Internet si no conoces muy bien a esta familia.

....
....
....
....
....
....
....
....

■ Después de escribir

3.30 Revisa los siguientes aspectos de tu descripción:

- Ortografía: las palabras escritas con *c*, *s* y *z*.
- Precisión gramatical: la concordancia en género y número, la estructura de las oraciones.
- Coherencia de ideas y organización de la información.
- Puntuación.

DISCURSO

Oral Presentation Strategy

Good presentations are divided into sections. Select the main ideas for the topic and create a web to organize your content. Use visual aids, such as photos, to help your audience grasp the main points.

3.31 **Vas a hacer una presentación sobre tu familia. Debes hablar de:**

Tú y tu familia

- Descripción física de los miembros de tu familia.
- Relaciones que mantienen entre ustedes.
- Descripción de carácter de los mismos.
- Actividades familares que realizan conjuntamente.

FONÉTICA Y ORTOGRAFÍA

La letra c

- En español la letra ***c*** tiene diferente pronunciación según la vocal que acompañe:

[k]	c+a	***ca**lvo*	pero	qu+e	*pe**que**ño*
	c+o	***co**rto*		qu+i	*tran**qui**lo*
	c+u	***cu**rso*			
[s]	c+e	***ce**ro*		z+a	*ri**za**do*
	c+i	***ci**nco*		z+o	***zo**rro*
				z+u	***zu**rdo*

España: *En muchas zonas de España se pronuncia como* [θ].

3.32 7 **Marca las palabras que escuches.**

☐ calvo	☐ zapato	☐ cero	☐ cuello	☐ corto
☐ cuatro	☐ zueco	☐ cigarro	☐ coca	☐ tranquilo
☐ saco	☐ camisa	☐ azul	☐ cinturón	☐ pequeño

3.33 **Escribe con z o c.**

a. ....ine **b.** ....apato **c.** ....ero **d.** a..........ul **e.** lu.......... **f.** ....ien

3.34 **Escribe con c o qu.**

a. ....asa **b.** ....ontento **c.** ....e **d.** ....osa **e.** ....uanto **f.** ....irco **g.** ....uatro **h.** simpáti..........a **i.** a..........í **j.** ....eso

3.35 8 **Dictado.**

a. ....
b. ....
c. ....
d. ....
e. ....
f. ....
g. ....
h. ....

TIPOS DE FAMILIA

3.36 **¿Conocen al cantante Chayanne? ¿De dónde es? ¿Creen que Chayanne es su verdadero nombre? ¿Tiene hijos? ¿Cuántos?**

3.37 **Ahora lee el texto y comprueba si tus respuestas anteriores son correctas. Identifica su país en el mapa.**

Elmer Figueroa Alce, CHAYANNE, nació en Puerto Rico el 29 de junio de 1968 y es el tercero de cinco hermanos. Chayanne está casado desde 1992 con la venezolana Marilisa Maronesse y además tiene dos hijos: Lorenzo Valentino e Isadora Sofía. Dicen que Chayanne es todo un papazote: que es buen padre, buen esposo y además tiene el título del hombre que mejor se mueve, claro, porque baila muy bien.

Chayanne es uno de los artistas latinos más famosos en todo el mundo.

3.38 **Esta es una entrevista con el famoso cantante puertorriqueño. Une cada pregunta con su respuesta. Después, escribe la entrevista.**

1. ¿En qué empleas tu tiempo libre?

2. ¿Cómo es un día tuyo sin trabajar?

3. Sí..., pero ¿cómo es Elmer en realidad?

4. ¿Te acompaña alguien de tu familia en tus giras?

a. Comparto con mi familia un *bowling*, deporte, el mar. Ir a la playa es nuestro mejor plan. Ver una película con ellos en mi pecho apoyados. Vamos a Italia, porque la familia de mi esposa está en Venecia.

b. En estar con mi familia. La música es lo que tú haces, pero es una profesión, disfruto del público, de su cariño, pero me quedo junto a mi familia, amándola.

c. Sí, desde hace varios años me acompaña mi hermano Elliot.

d. Chayanne, o Elmer, es un hombre sencillo. Jamás cocino, yo llamo por teléfono y digo: "Arroz chino, por favor". Soy fanático del deporte: practico buceo, tenis, básquet y golf y me encanta disfrutar de una buena lectura.

3.39 **Completa ahora esta descripción de la familia de Chayanne.**

••➤ Yo soy el tercero de cinco .... Estoy .... desde 1992. Mi .... se llama Marilisa Maronesse, es de .... Mi .... mayor se llama Lorenzo Valentino y mi .... pequeña se llama Isadora Sofía. La familia de mi esposa vive en .... por eso viajamos a Italia con frecuencia.

3.40 9 **Escucha esta otra entrevista con el famoso cantante español Julio Iglesias y coloca los nombres de las etiquetas en su árbol genealógico.**

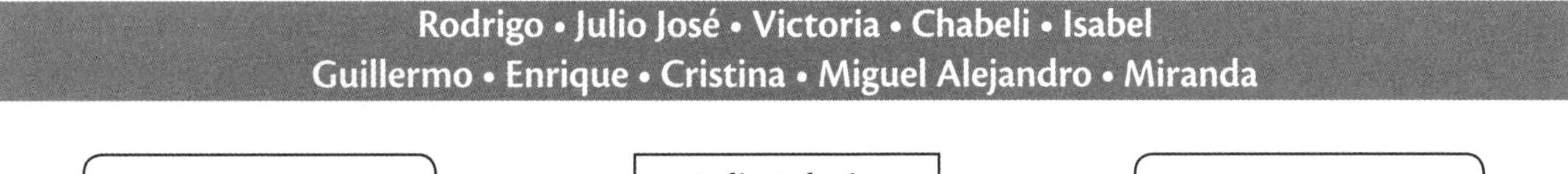

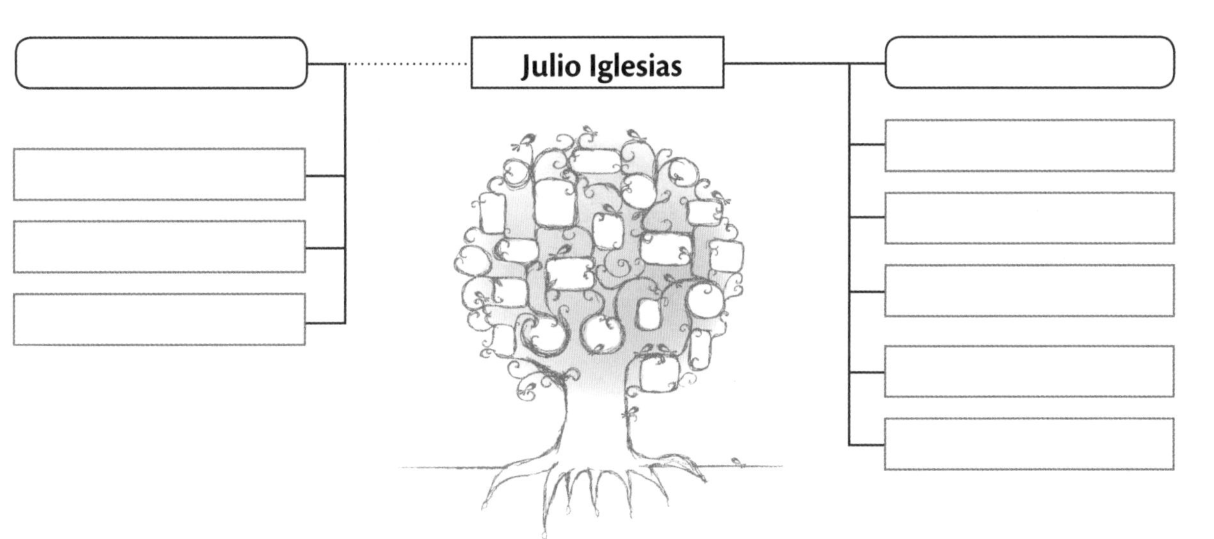

3.41 9 **Vuelve a escuchar la entrevista y completa los años de nacimiento de cada uno de sus hijos.**

	Julio José	Enrique		Rodrigo			Guillermo
1971			1997		2001	2001	

3.42 **Compara las familias de Chayanne y Julio Iglesias. ¿Qué diferencias hay entre las dos? ¿Conoces las familias de otros personajes famosos? Busca información en Internet sobre tu personaje favorito y describe a su familia.**

....

....

....

....

UNIDAD
4

TODOS LOS DÍAS LO MISMO

A. VOCABULARIO

LOS DÍAS DE LA SEMANA (Textbook pp. 122-123)

4.1 **¿Qué sabes de Bogotá, la capital de Colombia? Lee el siguiente texto informativo y completa la tabla. Recuerda que en los países hispanohablantes se usa el sistema horario de 24 horas.**

MUSEO NACIONAL

➜ Horario: *Martes de 10:00 a 20:00h.*
De miércoles a sábados de 10:00 a 18:00h.
Domingos de 10:00 a 16:00h.
Los lunes no hay servicios.

Fundado en el año 1823 conserva y expone los valores culturales de Colombia.

Su colección, de más de 20.000 objetos de arte, reúne desde las muestras más antiguas hasta obras y objetos del siglo actual.

PARQUE METROPOLITANO SIMÓN BOLÍVAR

➜ Horario: *De domingo a domingo de 6:00 a 18:00h.*

El parque se bautizó con el nombre de Simón Bolívar para conmemorar el segundo centenario de su nacimiento. Tiene un lago con botes de remo, un gran parque infantil, unidades de comida, baños públicos e instalaciones deportivas y de ocio donde se realizan competiciones, conciertos y diversas actividades culturales.

ZONA ROSA

➜ *Acceso permanente.*

Es un exclusivo espacio de interacción social, encuentro y rumba, que ofrece un gran número de posibilidades: centros comerciales, agradables cafés, restaurantes y discotecas.

RESTAURANTE EL CRIOLLO

➜ Horario: *De lunes a domingo de 12:00 a 16:00h y de 19:00 a 23:00h.*

Es un sitio fantástico para saborear la gastronomía colombiana. Se pueden comer y cenar platos típicos de Colombia, con una buena relación calidad y precio.

	Días de la semana	Horario de apertura	Horario de cierre
Restaurante El Criollo			
Museo Nacional			
Parque Metropolitano Simón Bolívar			
Zona Rosa			

4.2 **Lee los horarios comerciales de distintos establecimientos en Colombia y completa una tabla similar para tu país o comunidad. Expresa las horas según sea la costumbre en tu país o comunidad.**

	En Colombia		En mi país o comunidad	
	Días de la semana	Horarios	Días de la semana	Horarios
Farmacias	de lunes a viernes los sábados	De 8:00 a 18:00h De 8:00 a 13:00h		
Supermercados	de lunes a viernes los sábados	De 8:00 a 12:30h y de 14:30 a 18:30h De 7:30 a 13:30h		
Tiendas de ropa	de lunes a sábado	De 9:00 a 12:30h y de 14:30 a 18:30h		

4.3 **Contesta las preguntas según la información de las actividades anteriores.**

a. Describe el horario de tres lugares interesantes en Bogotá. Usa las expresiones ***de... a... / desde las... hasta las...***

b. ¿Cuáles de estos lugares te gustaría visitar? Explica por qué.

c. ¿Se parecen o son muy diferentes los horarios comerciales? ¿Qué es lo más sorprendente?

d. ¿Por qué crees que algunas tiendas tienen dos horarios al día? Si no lo sabes, investígalo en Internet.

LAS PROFESIONES (Textbook pp. 124-125)

4.4 **¿En qué trabajan? Escribe debajo de cada imagen la profesión de estas personas. Después, describe las profesiones que no tienen imagen.**

ingeniero/a • cartero/a • abogado/a • administrativo/a • político/a • dependiente/a • chofer • taxista • arquitecto/a • astronauta • barbero / peluquero/a • jardinero/a

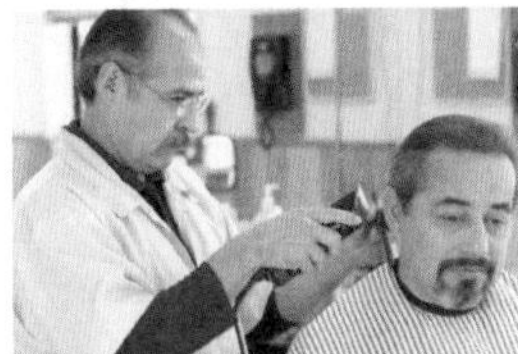

a. ....

b. ....

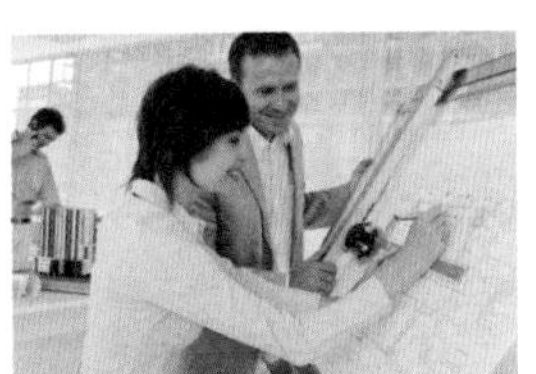

c. ....

d. ....

e. ....

f. ....

g. ....

h. ....

4.5 10 **Escucha y completa la tabla.**

	Nombre	Profesión	Lugar de trabajo	Ciudad
Persona 1			escuela de idiomas	Madrid
Persona 2	Carlos	peluquero		
Persona 3	Jaime y María	arquitectos		
Persona 4		jardinero		Alicante
Persona 5	Ana y Javier		comisaría	
Persona 6	Silvia y Marcos	enfermera y médico		
Persona 7			empresa	
Persona 8			papelería	

4.6 **Lee la presentación de Darío con atención y escribe una presentación similar sobre ti mismo, inventando una profesión.**

Hola, me llamo Darío Barrios, tengo 25 años, soy argentino, de Buenos Aires, pero ahora vivo en Torrelodones, muy cerca de Madrid. Soy informático-programador y trabajo en una empresa multinacional de telecomunicaciones. Mi lengua es el español y hablo inglés muy bien.

....

....

B. AMPLIACIÓN DE VOCABULARIO

HABLAR DE LA HORA Y DE LOS HORARIOS

PREGUNTAR LA HORA

- *¿Qué hora es?*

DAR LA HORA

- *(Es) La una en punto.*
- *(Son) Las cinco.*
- *(Son) Casi las ocho.*
- *(Son) Las ocho pasadas.*
- *(Es) La una y dos minutos.*
- *(Son) Las dos y cinco/y diez.*
- *(Son) Las tres y cuarto.*
- *(Son) Las seis y media.*
- *(Son) Veinticinco para la una.*
- *(Son) Veinte para las diez.*
- *(Es) Cuarto para las doce.*
- *(Son) Las trece horas y cincuenta minutos (formal).*

PREGUNTAR POR EL MOMENTO DE LA ACCIÓN

- *¿A qué hora?*

EXPRESAR LA DURACIÓN Y EL MOMENTO DE LA ACCIÓN

- **De... a...**
  – *Trabajo de 8 a 2.*
- **Desde... hasta...**
  – *Desde las 8 hasta las 2.*
- **A la/las...**
  – *A las cinco de la mañana/tarde.*

PARTES DEL DÍA

- **En la mañana/tarde/noche.**
  La **mañana** va desde el amanecer hasta las doce del mediodía.
  La **tarde** va desde las 15:00 hasta la puesta de sol.
  La **noche** va desde la puesta de sol hasta el amanecer.
- **A mediodía** (12:00 a.m.).
- **A medianoche** (12:00 p.m.).

- En los países latinoamericanos se usa *a mediodía* para hablar del espacio de tiempo de la comida, entre la 1:00 p.m. y las 4:00 p.m., normalmente.
  – *Nos vemos a mediodía y comemos algo.*

4.7 **Lee el siguiente correo electrónico y completa los huecos.**

Saludos y tomar un café

Enviar | DE: rosan@gmil.edu | PARA: pepi345@gmil.edu | ASUNTO: Saludos y tomar un café

Hola, Mari, ¿cómo estás?
Mi vida es complicada ahora con mis nuevos horarios, no tengo tiempo para nada: (a) .... lunes (b) .... jueves tengo clases (c) .... la mañana y por la tarde. La primera clase la tengo (d) .... las 9:00h y la última a (e) .... 19:00h, termino todos (f) .... días a las 20:30h. Los viernes voy a la biblioteca (g) .... las nueve de la mañana hasta las dos de la tarde. Por (h) .... tarde tengo libre, ¿tomamos un café?

4.8 11 **Escucha la siguiente conversación de dos jóvenes mexicanos y completa esta agenda con las actividades de la lista y la persona que las hace. Escucha las veces que necesites.**

- Anda en bici.
- Cena con sus padres.
- Cocina para toda la semana.
- Duerme muy tarde.
- Hace la limpieza.
- Juega futbol y nada.
- Juega tenis.
- Navega en Internet
- Sale a correr.
- Se levanta temprano.
- Va a la disco.
- Va al cine.
- Ve la tele.

1. VERBOS IRREGULARES EN PRESENTE: IRREGULARIDAD VOCÁLICA (Textbook pp. 126-127)

Verbos con irregularidad vocálica

Completa el cuadro con las formas que faltan.

	e > ie QUERER	*o > ue* PODER	*e > i* PEDIR	*u > ue* JUGAR
Yo	qu**ie**ro	p**ue**do		
Tú	qu**ie**res		p**i**des	j**ue**gas
Él/ella/usted		p**ue**de	p**i**de	j**ue**ga
Nosotros/as	queremos		pedimos	jugamos
Vosotros/as	queréis	podéis	pedís	jugáis
Ellos/ellas/ustedes		p**ue**den		j**ue**gan
	Otros verbos: c**e**rrar, desp**e**rtarse, emp**e**zar, ent**e**nder, pref**e**rir, p**e**nsar	Otros verbos: d**o**rmir, enc**o**ntrar, c**o**ntar, alm**o**rzar, ac**o**starse, v**o**lver	Otros verbos: s**e**rvir, s**e**guir, rep**e**tir, v**e**stir	El verbo *jugar* es el único con esta irregularidad

- En los verbos con irregularidad vocálica, las personas (a) .... y (b) .... no cambian.

4.9 Señala la forma correcta.

a. La tienda **cierra/cierran** a las 8:00.
b. Nosotros **cerramos/cierran** a las 10:00.
c. Todos los días Juan **pides/pide** un café.
d. Ellos **dormimos/duermen** ocho horas cada día.
e. ¿Qué **piensas/piensan** hacer tú por la tarde?
f. ¿A qué hora **empiezan/empieza** la película?
g. Pedro **repetimos/repite** lo que dice su hermano mayor.
h. Nosotros **jugamos/juegan** al tenis.

4.10 Completa las frases con los siguientes verbos.

volver • dormir • empezar • acostarse • almorzar • seguir • poder (x2) **• preferir**

→ Muy pocos mexicanos desayunan fuerte. (a) .... tomar un café solo o con leche y pan dulce. La inmensa mayoría de los trabajadores (b) .... el metro o el camión para ir al trabajo.
La mayoría de las personas (c) .... a trabajar a las 9:00h y (d) .... a casa sobre eso de las 18:00h en horario corrido. Debido a la falta de tiempo o las largas distancias que recorren, muchos mexicanos (e) .... en puestos ambulantes en la calle. Hay pocas personas que (f) .... la siesta y en las ciudades todavía menos personas (g) .... esta costumbre.
En la Ciudad de México, la gente (h) .... salir por la noche a cenar, al cine, al teatro con mucha frecuencia porque la ciudad ofrece muchas opciones. Por eso los mexicanos no (i) .... muy tarde, alrededor de la una entre semana y más tarde los fines de semana.

4.11 **Escribe un texto similar con las costumbres de la gente de tu país o comunidad.**

....

....

....

....

2. VERBOS *HACER* Y *SALIR* (Textbook pp. 127-128)

- En estos verbos la primera persona del singular es irregular. Completa el cuadro con las otras formas.

	HACER	SALIR
Yo	**hago**	**salgo**
Tú	haces	[ ]
Él/ella/usted	[ ]	sale
Nosotros/as	hacemos	salimos
Vosotros/as	hacéis	salís
Ellos/ellas/ustedes	[ ]	[ ]

EXPANSIÓN GRAMATICAL: Expresar la frecuencia con que se hace algo

■■■■■■	siempre
■■■■■	normalmente / a menudo / habitualmente
■■■■	muchas veces
■■■	algunas veces / a veces
■■	pocas veces
■	muy pocas veces / casi nunca
	nunca

- Para expresar el nivel de frecuencia:

Todos los días/las semanas/los meses/los años
Cada día/tres meses/año
Dos/tres/... veces **a la** semana/mes/año
Dos/tres/... veces **por** semana/mes/año

➤ *¿Tú haces ejercicio?*
▷ *Sí, voy al gimnasio dos veces a la semana.*
➤ *Pues yo no voy nunca.*

– *Emilio no anda en bici nunca, pero juega futbol a menudo...*

4.12 **Ordena los adverbios y expresiones de frecuencia (de más a menos).**

casi nunca • una vez al año • todos los días • a menudo • muchas veces • a veces • dos veces a la semana • dos veces al mes • tres veces al día • cada cinco años

siempre	....	....
....	....	....
....	....	....
....	....	nunca

4.13 **Elige cuatro expresiones de frecuencia y escribe una frase con cada una de ellas.**

....

....

4.14 **Esta es la agenda de Rosa. Escribe lo que hace utilizando los verbos en presente.**

7:30 Levantarme.
Ducharme en diez minutos, ¡no más tiempo!
7:40 Desayunar con mamá.
8:10 Tomar el bus.
8:30 Hacer tarea en la biblioteca antes de clase.
8:45 Clase de Álgebra.
9:30 ....
9:45 Clase de Historia.
10:30 ....
11:45 Almorzar con las chicas en la cafetería.
12:30 Clase de Educación Física.
1:15 ....
2:00 Clase de Biología.
2:45 ....
3:30 Trabajo, ¡no puedo llegar tarde!
7:00 Cenar en casa.
10:30 Acostarme.

Modelo: Rosa se levanta a las 7:30 h y se ducha en diez minutos...

4.15 **Haz las preguntas usando: *¿Con qué frecuencia...? ¿Cuándo...? ¿Cuánto tiempo...? ¿Cuántas veces...?***

Modelo: Salir a bailar ¿Con qué frecuencia sales a bailar?

a. Hacer deporte ....
b. Salir a comer con tus amigos ....
c. Dormir la siesta ....
d. Salir con tu familia ....
e. Jugar a las cartas ....
f. Almorzar en la cafetería de la escuela ....

4.16 **Ahora responde a las preguntas anteriores.**

Modelo: ¿Con qué frecuencia sales a bailar? Salgo a bailar con mis amigos a menudo.

a. ....
b. ....
c. ....
d. ....
e. ....
f. ....

3. VERBOS REFLEXIVOS (Textbook pp. 128-129)

- En los verbos reflexivos, el sujeto ejecuta y recibe la acción, es decir, la acción del verbo afecta al sujeto.
- Los verbos reflexivos se construyen con un pronombre reflexivo: **me**, **te**, **se**, **nos**, **os**, **se**.
  - ***Me levanto*** *a las ocho.* / – *Levanto a los niños a las ocho.*
  - ***Me cepillo*** *los dientes tres veces al día.* / – *Cepillo a mi perro todas las noches.*
  - ***Me miro*** *en el espejo.* / – *Miro el partido de futbol.*
- Completa el cuadro.

	LEVANTARSE		BAÑARSE	
	Pronombre reflexivo			
Yo	**me**	levanto		
Tú	**te**	levantas		
Él/ella/usted	**se**	levanta		
Nosotros/as	**nos**	levantamos		
Vosotros/as	**os**	levantáis		
Ellos/ellas/ustedes	**se**	levantan		

C. GRAMÁTICA

Expansión gramatical

- Los verbos reflexivos también pueden tener una irregularidad vocálica.
  - *vestirse* (irregularidad vocálica *e>i*)
  - *acostarse* (irregularidad vocálica *o>ue*)
  - *despertarse* (irregularidad vocálica *e>ie*)
- En algunos casos, el verbo sin pronombre tiene un significado diferente.
  - ***Me llamo*** *Marta.*/ – ***Llamo*** *a mis amigos por teléfono.*

4.17 Escoge la forma correcta del verbo (con o sin pronombre). ¡Fíjate en quién recibe la acción!

a. Laura **baña/se baña** al bebé a la noche.
b. Más tarde ella **ducha/se ducha**.
c. Ellos **despiertan/se despiertan** temprano para la práctica de hockey.
d. Marcelo y Carlos **visten/se visten** rápidamente para llegar a tiempo a la práctica.
e. Usualmente, **acuesto/me acuesto** tarde los fines de semana.
f. Mi madre le **pone/se pone** el abrigo a mi hermanita.
g. ¿A qué hora **despiertan/se despiertan** ustedes los fines de semana?
h. Laura **lava/se lava** los platos.
i. Tú **lavas/te lavas** las manos constantemente.
j. Marisa **mira/se mira** en el espejo a menudo.
k. Siempre **quito/me quito** los zapatos al entrar a casa.

4.18 Ordena las palabras para formar preguntas.

Modelo: ¿*levantarse* / a qué / hora? ➡ ¿A qué hora te levantas?

a. ¿los domingos / hora / *desayunar* / a qué? ➡ ....
b. ¿por la mañana / *ducharse* / por la tarde / o? ➡ ....
c. ¿*hacer* / qué / tiempo libre / en tu / de lunes a viernes? ➡ ....
d. ¿*salir* / a qué / de casa / hora? ➡ ....
e. ¿tu horario / *ser* / cuál / de trabajo? ➡ ....
f. ¿*acostarse* / a qué / normalmente / hora? ➡ ....
g. ¿*hacer* / los fines de semana / qué? ➡ ....
h. ¿*ir* / al cine / cuándo? ➡ ....
i. ¿deporte / a la semana / cuántas veces / *practicar*? ➡ ....

4.19 Ahora contesta las preguntas anteriores.

Modelo: ¿A qué hora te levantas? Me levanto a las siete y media de la mañana.

a. ....
b. ....
c. ....
d. ....
e. ....
f. ....
g. ....
h. ....
i. ....

4.20 **Estas imágenes representan acciones que se realizan a lo largo del día. Ordénalas cronológicamente, y, después, relaciónalas con las frases que aparecen debajo.**

1. 2.  3. 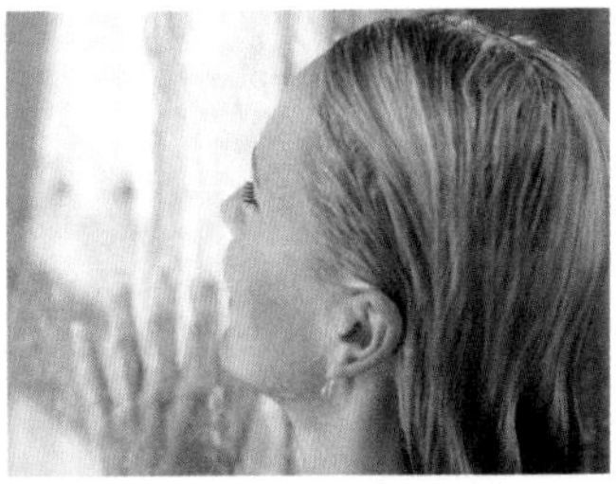 4.  5. 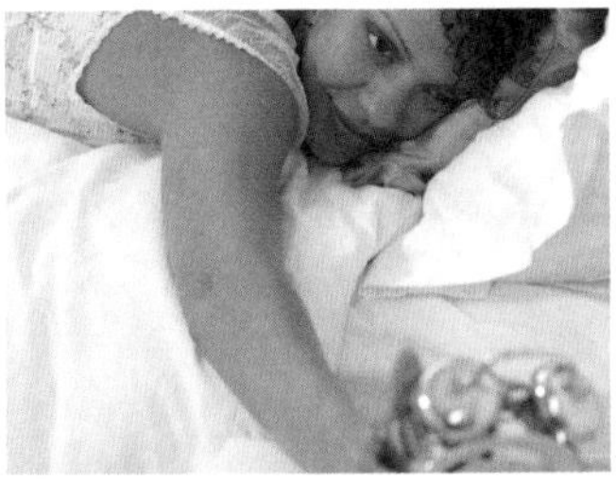 6.  7.  8. 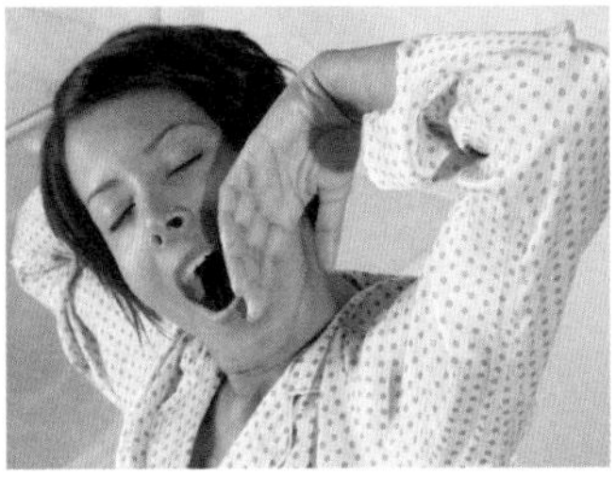 9. 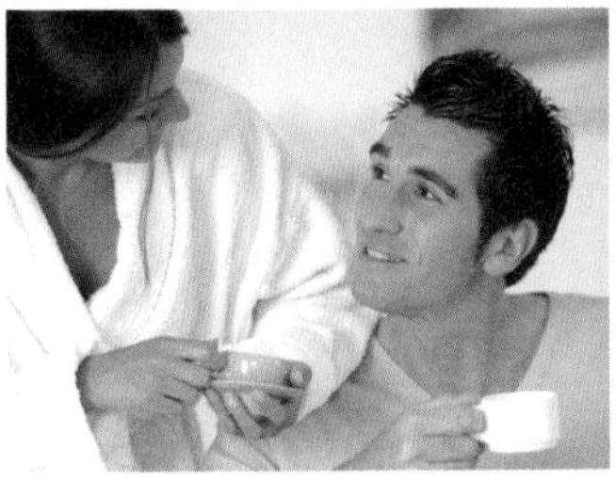 10.  11.  12.  13.  14.  15. 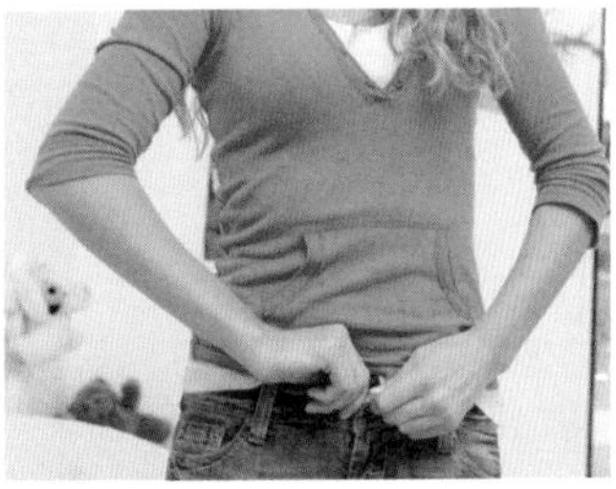 16.

5 ....

- ☐ **a.** Me despierto a las siete.
- ☐ **b.** Me levanto a las siete y diez.
- ☐ **c.** Me lavo los dientes a las siete y cuarto.
- ☐ **d.** Me baño a las siete y veinte.
- ☐ **e.** Me visto a las siete y media.
- ☐ **f.** Me peino a las veinticinco para las ocho.
- ☐ **g.** Desayuno a las veinte para las ocho.
- ☐ **h.** Salgo de casa al cuarto para las ocho.
- ☐ **i.** Entro a la escuela a las ocho en punto.
- ☐ **j.** Estudio en la biblioteca de once a doce.
- ☐ **k.** Regreso a casa a las seis y media de la tarde.
- ☐ **l.** Ceno a las siete.
- ☐ **m.** Escucho música de nueve a diez.
- ☐ **n.** Me lavo la cara a las diez.
- ☐ **ñ.** Veo la tele de diez a once.
- ☐ **o.** Me acuesto a las once y cuarto.

4.21 **Lee la rutina diaria del papá de Andrea. Rellena los espacios en blanco con la forma correcta del verbo entre paréntesis.**

Mi padre (a) .... (levantarse) a las seis y cuarto de la mañana durante la semana.
Regularmente (b) .... (bañarse) por la noche, pero los martes y jueves (c) .... (bañarse) por la mañana porque va al gimnasio. Por lo general, (d) .... (empezar) a trabajar a las nueve y media. Todos los días (e) .... (afeitarse) y (f) .... (vestirse) rápidamente. Usualmente, (g) .... (ponerse) traje con corbata, pero los viernes siempre (h) .... (ponerse) jeans, porque es el día casual en su compañía. Antes de salir de la casa, (i) .... (desayunar) cereal, fruta y yogur. Cuando (j) .... (volver) a casa, usualmente a las siete, siempre (k) .... (seguir) la misma rutina. (l) .... (Descansar) un poco y (m) .... (cenar) con la familia. Siempre (n) .... (tener, nosotros) mucho de qué hablar. Mi papá nunca (ñ) .... (acostarse) antes de las once y media porque le gusta leer y ver la tele. Ahora, los fines de semana es otra historia...

4.22 **Escribe un texto similar explicando la rutina diaria de una persona de tu familia.**

....

....

....

....

4.23 **Descubre el verbo definido.**

a. Empieza por A: Acción de irse a dormir: ....
b. Empieza por B: Tomar un baño: ....
c. Empieza por C: Acción de tomar la última comida del día: ....
d. Empieza por D: Abrir los ojos por la mañana: ....
e. Empieza por E: Sinónimo de *comenzar*: ....
f. Empieza por G: Hablar muy alto: ....
g. Empieza por H: Fabricar, elaborar: ....
h. Contiene la I: Ponerse ropa. Empieza por V: ....
i. Empieza por J: ...a las cartas, al tenis, al futbol...: ....
j. Empieza por L: Lo hacemos con los ojos: ....
k. Empieza por M: Acción de tomar una comida a media tarde: ....
l. Empieza por O: Lo hacemos con los oídos: ....
m. Empieza por P: A un mesero un jugo, por ejemplo: ....
n. Empieza por Q: Desear algo o amar a una persona: ....
ñ. Empieza por R: ¿Qué hacemos cuando nos cuentan una historia divertida?: ....
o. Empieza por S: Ordenamos a un mesero un jugo, y él lo...: ....
p. Empieza por V: Ir hacia el lugar donde yo estoy: ....
q. Contiene la Y: Tomar la primera comida del día. Empieza por D: ....

LECTURA

■ Antes de leer

READING STRATEGY: RECOGNIZING COGNATES

There are many words in Spanish whose meaning can be guessed, because they are similar to an English word. These are known as cognates (*importante, momento, rutina*...).

4.24 **Antes de leer el artículo sobre la siesta, contesta las preguntas.**

a. ¿Cómo son tus hábitos de dormir?
b. ¿Duermes lo suficiente?
c. ¿Te duermes en tus clases?
d. ¿Tienes la costumbre de echarte una siesta?

■ Leer

4.25 **Lee el texto y responde verdadero (V) o falso (F). Corrige las afirmaciones falsas.**

LA RUTINA DE LA SIESTA

¿Te entra el cansancio después de almorzar? ¿Se te hace difícil concentrarte en el trabajo escolar? Este tipo de sensación es algo normal, y por eso a muchas personas les gusta descansar un ratito después de haber tomado el almuerzo. Este periodo de descanso es **la siesta**. El propósito es reunir energías para el resto del día.

Esta costumbre, que se originó en el área del Mediterráneo, es popular en partes de Latinoamérica, España, y otras áreas como Italia, Grecia y Portugal. Hoy día, algunas empresas (negocios) en Alemania, Japón, EE.UU., Canadá y otros países, tienen áreas especiales para que los empleados puedan tomarse una siesta corta en el lugar de trabajo. La palabra *siesta* viene del latín, con un significado de "sexta hora", que resulta ser después del mediodía, o sea, el momento de más calor. Es el momento de hacer una pausa y reponer las energías almorzando y durmiendo. La costumbre de dormir la siesta es muy antigua, y fue traída a los países de América por los españoles y portugueses.

Hoy día esta rutina está desapareciendo en las grandes ciudades a causa de la globalización. Para mantenerse en el mercado competitivo, las empresas y negocios han tenido que ajustar sus horarios de trabajo para poder mantener comunicación con los otros países del mundo. Pero la siesta todavía mantiene su importancia en los pueblos pequeños, donde muchos negocios (tiendas y oficinas) cierran al mediodía y vuelven a abrir entre las dos y media y las cuatro de la tarde. Algunas personas regresan a sus casas, están con sus familias, almuerzan y duermen, y otras hacen actividades antes de regresar al trabajo. ¡Como resultado, un día típico de trabajo puede terminar a las siete u ocho de la noche!

Está demostrado científicamente que una siesta breve (corta) mejora la salud y la memoria, y nos hace mejores trabajadores a la tarde. Pero con mucho cuidado: una siesta breve debe ser de no más de treinta a cuarenta minutos, de otro modo puede afectar nuestro sueño nocturno...

	V	F
a. La tradición de la siesta comenzó en España. –	▢	▢
b. La "sexta hora" viene a ser después del mediodía, cuando hace más calor. –	▢	▢
c. Hoy día algunas empresas en EE.UU. y Canadá tienen áreas específicas para tomar una siesta. –	▢	▢
d. La tradición de la siesta fue traída a Latinoamérica por los españoles y portugueses. –	▢	▢
e. Actualmente, esta tradición está desapareciendo completamente. –	▢	▢
f. Los horarios de trabajo de las grandes ciudades y los pueblos pequeños son iguales. –	▢	▢
g. La duración de la siesta no es de importancia. –	▢	▢

■ Después de leer

4.26 **Después de leer este artículo, ¿qué opinión tienes sobre la costumbre de la siesta? ¿Crees que debemos adoptarla como parte de la rutina diaria en los horarios académicos y de negocios? Explica tu respuesta.**

....

....

....

ESCRITURA

■ Antes de escribir

4.27 **Vas a explicarle a un amigo cómo transcurre un día típico como estudiante en tu escuela. ¿Qué haces normalmente desde el momento que llegas al colegio?**

Writing Strategy: Brainstorming

Brainstorming can help you create ideas on a specific topic. Make sure to jot down ideas about the chosen topic. It is best to write down your ideas in Spanish; you can express them in single words or phrases. Afterwards, select and organize your ideas. Try to have as many ideas written down, you will have more to choose from later on.

■ Escribir

4.28 **Escribe un correo electrónico a un amigo/a que vive en España. Incluye un saludo y una despedida.**

....

....

....

■ Después de escribir

4.29 Revisa los siguientes aspectos de escrito:

- Ortografía: los signos de interrogación y exclamación (¿?, ¡!).
- Precisión gramatical: la estructura de las oraciones, uso de vocabulario y concordancia verbal.
- Coherencia de ideas y organización de la información.

DISCURSO

ORAL PRESENTATION STRATEGY: LISTEN TO YOURSELF SPEAK

If you make an error, correct yourself. It shows that you do know the correct speech format.

4.30 Vas a hacer una presentación oral sobre alguna actividad que consideras que es parte de tu rutina semanal. Puede ser algo que haces durante la semana o fines de semana. Asegura de incluir algunos de los verbos aprendidos en esta unidad.

Tu actividad

- ¿Por qué es parte de tu rutina?
- ¿Con quién? Solo, amigos, familia…
- ¿Cuándo?
- ¿Dónde?

FONÉTICA Y ORTOGRAFÍA

■ Las letras *b* y *v*

SE USA LA LETRA B

- Con los verbos ***deber***, ***beber***, ***saber***, ***haber***, ***escribir***.
- Cuando el sonido está delante de una consonante: *blusa*.
- Después de ***m***: *cambiar*.
- Con las palabras que empiezan por ***biblio–***, ***bio–***, ***bien–***, ***bene–***, ***bu–***, ***bi–***.

SE USA LA LETRA V

- Con el verbo ***volver***.
- Después de ***ab–***, ***ob–*** y ***sub–***.
- Con las palabras que empiezan por ***eva–***, ***eve–***, ***evi–*** y ***evo–***.
- Con los adjetivos que terminan en ***–avo/a***, ***–evo/a***, ***–ivo/a***.

4.31 ¿Con *b* o *v*? Escribe la *b* o la *v* en las siguientes palabras. Si no sabes el significado de una palabra, usa el diccionario.

a. escri.........ir **b.** ....olver **c.** ....lusa **d.** ....rocha **e.** ama.........le **f.** ....ruto **g.** ....olar **h.** a.........uela **i.** ....elas **j.** ....alcón **k.** nue.........o **l.** ....entana

4.32 Adivina el país.

a. ....enezuela **b.** Cu.........a **c.** Colom.........ia **d.** ....olivia **e.** El Sal.........ador **f.** ....rasil

4.33 Adivina la ciudad y menciona en qué país está.

a. ....arcelona está en ....
b. ....ogotá está en ....
c. ....alencia está en ....
d. Monte.........ideo está en ....
e. ....uenos Aires está en ....
f. La Ha.........ana está en ....

E. CULTURA

LAS FIESTAS

4.34 **¿Estas fotos reflejan dos fiestas diferentes. ¿Qué crees que tienen en común? ¿Pertenecen al mismo país?**

Fiesta de ....
Se celebra en ....

Fiesta de ....
Se celebra en ....

4.35 **Lee los siguientes textos prestando atención a las palabras señaladas en negrita y completa el ejercicio anterior. Después, relaciona las definiciones con su significado.**

Las **Fiestas del Pilar** son las **fiestas patronales** de Zaragoza (Aragón, España) que se celebran en honor de la Virgen del Pilar. Tienen lugar la semana del 12 de octubre y duran unos diez días. Hay celebraciones religiosas como la misa de Infantes en la Basílica del Pilar a las 4:30 horas de la madrugada, la ofrenda de flores con la que miles de personas hacen un traje a la Virgen, la **ofrenda** de frutos y el rosario de cristal, que se celebra de noche, donde desfilan 29 **carrozas** de cristal que representan los misterios del **rosario**. Su origen data de 1889.

Entre las celebraciones no religiosas están: el pregón, la comparsa de gigantes y cabezudos, la feria de muestras en las que hay productos de la tierra, la feria taurina. También hay actividades infantiles, atracciones mecánicas, **fuegos artificiales** y un gran fin de fiesta con un concierto al aire libre junto al río Ebro.

La **Feria de las Flores** es una fiesta pagana que se celebra en Medellín, Colombia, entre los meses de julio y agosto y dura 10 días. Cada año, miles de personas se reúnen en torno a esta fiesta que celebra el florecimiento y las **costumbres** de la vida entera de la región. Hay más de 130 celebraciones. Entre las más importantes están el Desfile de Silleteros, que es un desfile de personas que llevan millones de flores cargadas en silletas a la espalda, y la gran Cabalgata. La exposición de Arrieros mulas y fondas ofrece un recorrido por sus **artesanías**, sus costumbres y sus comidas más representativas.

También hay tablados musicales por toda la ciudad, una exposición de orquídeas, pájaros y flores, desfiles de autos clásicos y antiguos, una feria equina y un festival de bandas.

1. fiestas patronales
2. ofrenda
3. carroza
4. rosario
5. fuegos artificiales
6. artesanías
7. costumbres

a. Artificios que producen luz, color y sonido y se usan en fiestas espectáculos.
b. Coche adornado que se utiliza en las fiestas públicas.
c. Regalo que se dedica a Dios o a los santos.
d. Hábitos y prácticas de una persona o un pueblo.
e. Fiestas celebradas en honor a un patrón, santo o virgen.
f. Arte u objetos hechos a mano.
g. Objeto formado por piezas que los católicos utilizan para rezar.

E. CULTURA

4.36 Busca en las dos fiestas tres elementos comunes y tres elementos diferentes.

Elementos comunes	Elementos diferentes

4.37 Di si estas afirmaciones son verdaderas o falsas. Corrige las falsas.

	V	F
a. Esta fiesta de España se celebra en honor a la Virgen del Carmen. –	☐	☐
b. La Feria de las Flores se celebra en Bogotá, capital de Colombia. –	☐	☐
c. En las Fiestas del Pilar hay fuegos artificiales y un gran concierto al final de las celebraciones. –	☐	☐
d. En la Feria de las Flores los silleteros transportan frutos en sillas. –	☐	☐
e. Una feria equina tiene relación con el ganado. –	☐	☐

4.38 Estas son otras fiestas de España y Latinoamérica. Busca información sobre ellas en línea y completa la información.

Fallas

¿Dónde se celebra? ....

¿Cuándo se celebra? ....

Día de Muertos

¿Dónde se celebra? ....

¿Cuándo se celebra? ....

Inti Raymi

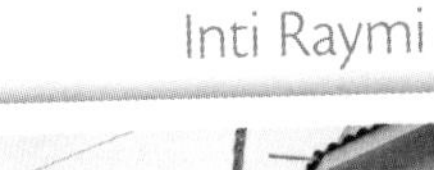

¿Dónde se celebra? ....

¿Cuándo se celebra? ....

4.39 Ahora piensa en alguna fiesta de importancia en tu país o comunidad. ¿En qué se parecen estas fiestas a la tuya? No te olvides de mencionar dónde se celebra principalmente y cuándo.

....

....

....

....

¿TE GUSTA?

A. VOCABULARIO

ACTIVIDADES DE OCIO Y TIEMPO LIBRE (Textbook pp. 150-151)

5.1 Identifica las actividades de ocio según las imágenes. Trata de usar por lo menos cuatro verbos diferentes en total.

a. ....

b. ....

c. ....

d. ....

e. ....

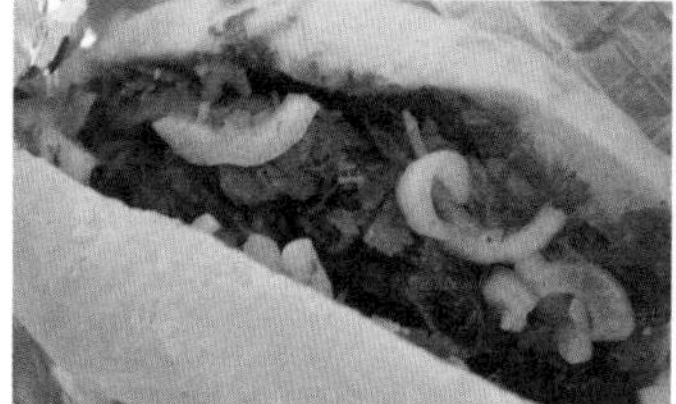

f. ....

g. ....

h. ....

i. ....

j. ....

k. ....

l. ....

5.2 Lee el siguiente texto y contesta las preguntas.

Juan y Carmen son amigos con gustos diferentes. A Juan le gusta el futbol, ver la televisión y salir con los amigos a los eventos deportivos. No le gusta nada cocinar. Le encanta salir de excursión con su familia en su nuevo carro. A Carmen tampoco le gusta nada cocinar. Le gustan las películas de ciencia ficción, ir al teatro e ir de compras con sus amigas. También le gusta salir de paseo con su familia.

	¿Qué le gusta...
...a él?	
...a ella?	
¿Y a ti?	

5.3 ¿Qué te gusta hacer en tus ratos libres? ¿Adónde vas los fines de semana con tu familia o amigos?

....

....

LOS ALIMENTOS (Textbook pp. 152-153)

5.4 **Identifica la palabra que no está relacionada con el grupo y explica por qué. Usa el diccionario si no sabes el significado de una palabra.**

					¿Por qué es el intruso?
a.	☐ camarones	☐ cebollas	☐ atún	☐ salmón	
b.	☐ garbanzos	☐ naranjas	☐ piña	☐ pera	
c.	☐ leche	☐ refresco	☐ aceite	☐ agua mineral	
d.	☐ pollo	☐ jamón	☐ vinagre	☐ hamburguesa	
e.	☐ vino	☐ lechuga	☐ pimientos	☐ pepinos	
f.	☐ postre	☐ arroz	☐ pastel	☐ helado	
g.	☐ tomate	☐ maíz	☐ cebollas	☐ queso	
h.	☐ leche	☐ jugo	☐ refresco	☐ ajo	
i.	☐ papas	☐ manzana	☐ zanahorias	☐ pimientos	
j.	☐ mariscos	☐ yogur	☐ helado	☐ queso	
k.	☐ calabaza	☐ uvas	☐ fresas	☐ melón	
l.	☐ frijoles	☐ garbanzos	☐ guisantes	☐ mariscos	

5.5 **Lee los siguientes textos sobre estos personajes. Di si las siguientes afirmaciones son verdaderas o falsas. Corrige las afirmaciones falsas.**

GAEL. ***Actor de cine***

➤ A Gael le gusta mucho divertirse en la noche e ir a fiestas y reuniones, aunque prefiere pasar desapercibido.

Gael es un comilón. Le encanta la comida mexicana, sobre todo los antojitos: las carnitas, la cochinita pibil y la barbacoa. Sin embargo, no le gusta mucho la verdura.

LILIANA. ***Modelo***

➤ A Liliana le gusta cuidarse. Va al gimnasio tres veces por semana y los fines de semana practica la natación, los pilates y también le gusta el spinning.

Para comer, a Liliana le gustan las ensaladas y todo tipo de pescados.

No le gustan las comidas grasosas y toma mucha agua.

A Liliana le encantan los antojitos mexicanos, pero tiene que controlar su peso. Es una apasionada de la comida japonesa. Su plato favorito es el yakimeshi.

	V	F
a. A Liliana y a Gael les encantan los antojitos mexicanos.	☐	☐
b. A Gael le gusta la verdura.	☐	☐
c. A Liliana no le gusta el yakimeshi.	☐	☐
d. A Gael le gustan mucho las fiestas.	☐	☐
e. Liliana tiene que controlar su peso.	☐	☐
f. Liliana hace mucho deporte.	☐	☐

5.6 **¿Cuántas comidas haces al día? Descríbelas brevemente.**

B. AMPLIACIÓN DE VOCABULARIO

LOS ALIMENTOS

VARIACIONES LÉXICAS EN LOS NOMBRES DE LOS ALIMENTOS

Existe una gran variación en el léxico de la comida en el mundo hispano. Aquí tienes algunas diferencias:

- los camarones ➜ las gambas (Esp.)
- la banana ➜ el guineo (Caribe, Nic.) / el cambur (Ven.) / el plátano (Esp.)
- la naranja ➜ la china (Pto. Rico)
- el jugo ➜ el zumo (Esp.)
- los guisantes ➜ los chícharos
- los frijoles ➜ las habichuelas (Col., C. Rica) / los porotos (Am. Sur) / las judías (Esp.)
- el maíz ➜ el choclo (Am. Sur) / el elote (Méx.) / el jojoto (Ven.)
- la papa ➜ la patata (Esp.)
- la piña ➜ el ananá (Arg., Uru.)
- el melocotón ➜ el durazno (Méx.)
- los vegetales ➜ las verduras / las legumbres / las hortalizas

5.7 **Vuelve a leer las palabras anteriores. ¿Cómo lo dices tú? ¿En qué otro país lo dicen igual?**

5.8 **Fíjate en estas palabras que se usan en Latinoamérica. Escribe cada palabra en su definición.**

tortilla • fiambre • frijol • chile

a. ....: en Argentina, Cuba, las Antillas y América del Sur usan la palabra *ají* para denominar a este vegetal.

b. ....: en México y Centroamérica son pitas de maíz para acompañar a las comidas, como el pan. En Venezuela es conocida como *arepa*.

c. ....: es una legumbre. En Argentina se le llama *poroto*; en Colombia y Costa Rica, *habichuela*, y en España, *judía* o *alubia*.

d. ....: en Argentina y España la palabra designa a los alimentos como chorizo, morcilla, salchichón, etc. En Guatemala es un plato rico propio del Día de Todos los Santos.

5.9 **Lee y compara estas conversaciones en una frutería. Una es en México y la otra en Guatemala. Después, contesta las preguntas.**

■ Conversación 1:

➤ *¿Qué va a llevar, señó?*
▷ *Una mano de limones y una libra de zucchini.*
➤ *Bueno. ¿Algo más, pues?*
▷ *¿A cómo da los tomates?*
➤ *A 3 quetzalitos la libra.*
▷ *A dos con 50 y llevo 2 libras.*
➤ *Bueno.*

■ Conversación 2:

➤ *¿Qué se le ofrece?*
▷ *Un kilo de limones y medio de calabazas, por favor.*
➤ *¿Algo más, amiguita?*
▷ *¿A cómo están los jitomates?*
➤ *A 15 pesos el kilo.*
▷ *Deme un kilo, por favor.*
➤ *Aquí tiene.*

a. ¿Qué diálogo se desarrolla en un mercado de México? ¿Por qué lo sabes?

....

b. En México compramos por kilos, ¿y en Guatemala?

....

c. Piensa un poco. ¿Sabes a qué cantidad equivale una mano?

....

> **Fíjate:** En Latinoamérica podemos negociar el precio. Eso es ***regatear***.

1. *GUSTAR* Y VERBOS SIMILARES (Textbook p. 154)

- Para expresar gustos, preferencias y aversiones (*dislikes*) se usa el verbo ***gustar***. El verbo ***gustar*** casi siempre se usa en tercera persona (singular o plural) porque el sujeto en estas oraciones no es la persona sino el objeto o acción:
  - *Me **gusta el ají**.*
  - *A ti no te **gustan** nada **las verduras**.*
  - *A mis padres les **gusta** mucho **comer** con toda la familia.*
- El verbo ***gustar*** va siempre acompañado del pronombre de objeto indirecto para indicar la persona que experimenta la acción del verbo. El pronombre de objeto indirecto siempre va antes de las formas verbales.

Opcional (para dar énfasis)	Pronombre de objeto indirecto	Formas verbales	Lo que le gusta
A mí	me		
A ti*	te	gusta	la leche, cantar (singular)
A él/ella/usted	le		
A nosotros/as	nos	gustan	los videojuegos (plural) el helado y el chocolate (plural)
A vosotros/as	os		
A ellos/as/ustedes*	les		

***Argentina:** *A vos te gusta/n*

***España:** *A vosotros/as os gusta/n*

- ***A mí*** lleva un acento para distinguirlo del adjetivo posesivo (***mi*** casa).
- Los pronombres de sujeto (yo, tú...) **no** se usan con ***gustar***.
- Otros verbos que se construyen como ***gustar*** son: *encantar, fascinar, doler, interesar, aburrir, preocupar, faltar, molestar, parecer, quedar/sentar/bien/mal (algo a alguien)...*

5.10 **Escoge entre *me gusta* y *me gustan* según el caso y escríbelo en el espacio en blanco.**

a. .... los carros.
b. .... el verano.
c. .... los helados.
d. .... nadar.
e. .... jugar béisbol.
f. .... los museos.
g. .... el cine.
h. .... la pizza y la pasta.

5.11 **¿*Encantar* y *gustar* significan lo mismo? ¿Qué diferencia hay? Escribe una frase con cada uno de estos verbos.**

Gustar: ....

Encantar: ....

Expansión gramatical: Grados de intensidad

Intensidad		
■■■■■■	**Amo/Adoro** los dulces.	+
■■■■■	(A mí) me	**encanta** viajar al extranjero.
■■■■■	(A ti) te	gusta **muchísimo** el cine.
■■■■	(A él/ella/usted) le	gusta **mucho** bailar.
■■■	(A nosotros/as) nos	gustan **bastante** los pasteles.
■■	(A vosotros/as) **no** os	gusta **demasiado** ver futbol.
■	(A ellos/as/ustedes) **no** les	gusta **nada** viajar en bus.
	Odio hacer deporte.	–

Fíjate: *Demasiado* tiene sentido negativo, significa en exceso.
– *Me gusta mucho la gaseosa, pero tiene* ***demasiada*** *azúcar, no se debe beber.*

5.12 **Completa las frases con el pronombre y la forma verbal correspondiente.**

a. A Mari y a Paco (gustar) les gusta mucho su nueva casa.
b. A Iván (interesar) .... los deportes de aventura.
c. A mí no (gustar) .... las películas de ciencia ficción.
d. A ti (encantar) .... salir de fiesta.
e. A Juana (doler) .... los pies de tanto bailar.
f. A nosotros (encantar) .... el té frío en verano.
g. (A ti) (gustar) ¿...... .... las clases?
h. A ustedes (encantar) .... dibujar.
i. A tu madre y a mí (gustar) .... salir de compras los sábados.
j. (A mí) (aburrir) .... los partidos de basquetbol.

5.13 **Completa las frases con el pronombre y la forma verbal adecuada.**

Tenemos un gran problema. En mi familia somos dos personas y no tenemos los mismos gustos en nada. Por ejemplo: (a) .... (a mí, gustar) levantarme temprano y a mi marido (b) .... (gustar) estar en la cama hasta más tarde. (c) .... (A mí, encantar) ir a la playa por la mañana y a él, (d) .... (encantar) las horas de más sol, entre las 12 y las 3. Con la comida tampoco tenemos los mismos gustos. No (e) .... (a nosotros, gustar) las mismas cosas. A Carlos, mi esposo, (f) .... (a él, encantar) las comidas fuertes: enchiladas, mole..., a mí en cambio (g) .... (gustar) las ensaladas y las verduras, sobre todo en verano. ¡Qué problema!

5.14 **Ahora, elabora un cuadro estadístico sobre los gustos de ocio de los jóvenes de tu escuela, teniendo en cuenta la escala de intensidad.**

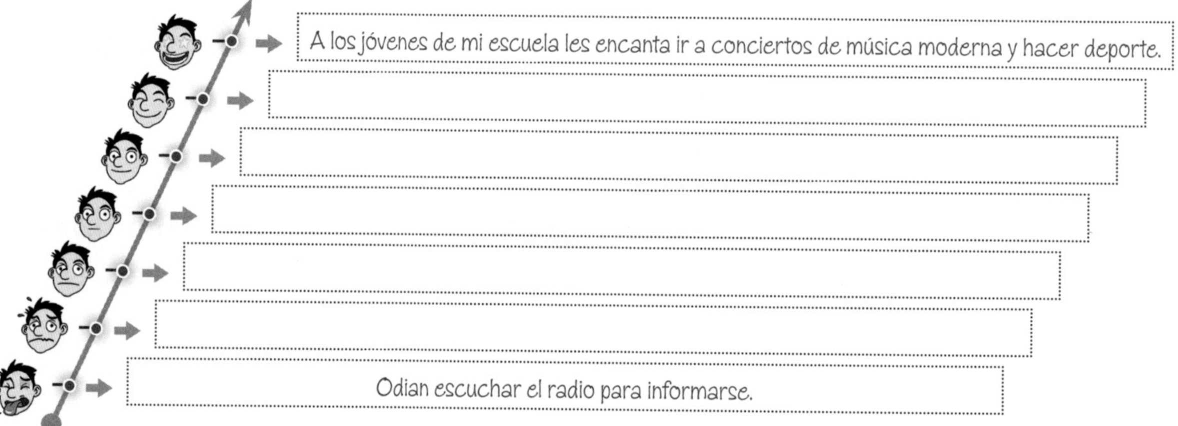

2. PREGUNTAR Y RESPONDER SOBRE GUSTOS (Textbook p. 155)

- Para preguntar por los gustos de otra persona puedes usar: *A mí me gusta...*, ***¿y a ti?*** / ***¿A ti también te gusta?***
- Para responder:

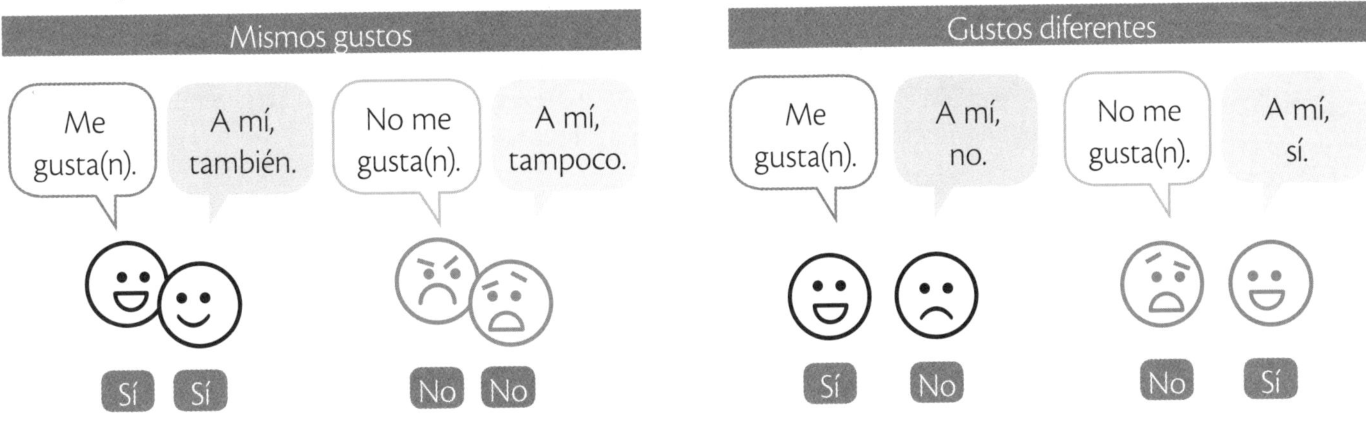

- Con los adverbios ***sí*** y ***no*** expresamos desacuerdo con lo que dice otra persona.

➤ *Yo tengo carro.*
⊳ *Yo **no**.*

➤ *A mí me encanta ir a la playa todos los días.*
⊳ *A mí, **no**.*

➤ *No me gustan los gatos.*
⊳ *A mí, **sí**.*

5.15 **Completa las conversaciones con *también* o *tampoco* de acuerdo con las "caritas".**

a. ➤ ¿Te gusta el pastel de manzana?
⊳ Me encanta. ¿Y a ti?
➤ A mí, ...

b. ➤ ¿Te gusta esta película?
⊳ No. ¿Y a ti?
➤ A mí, ...

c. ➤ ¡Me encantan estos zapatos!
⊳ A mí, ...

5.16 **Completa las conversaciones con *sí* o *no* mostrando que estás en desacuerdo con el comentario.**

a. ➤ Odio los dulces.
⊳ Yo ....

b. ➤ Me encanta la ensalada.
⊳ A mí, ...

c. ➤ No me gusta ir al gimnasio.
⊳ A mí, ...

5.17 **Completa las frases como en el ejemplo. Pon atención a la respuesta para saber cómo completarlas.**

Modelo: ➤ A mis amigos no les gustan los deportes de riesgo. ⊳ A mí, tampoco.

a. ➤ A Juan .... el pescado.
⊳ Pues a mí, sí.

b. ➤ A mis papás .... cenar fuera de casa.
⊳ A los míos, también.

c. ➤ A Paco y a mí .... la ópera.
⊳ A nosotros, tampoco.

d. ➤ A mí .... mucho comer verduras.
⊳ Pues a mí, no.

e. ➤ María, ¿.................... los camarones?
⊳ Sí, mucho, ¿y a ti?

f. ➤ A Luis .... desayunar café con leche.
⊳ A Isabel, también.

g. ➤ A mí .... la comida japonesa.
⊳ A mí, no.

5.18 **Lee el siguiente texto sobre un personaje famoso e indica si las siguientes afirmaciones son verdaderas o falsas. Justifica tu respuesta. ¿Conoces la comida y los platos que se mencionan?**

RAFA. *Futbolista*

Rafa desayuna fuerte todas las mañanas. Normalmente toma leche, pan tostado, jamón, queso y fruta. A Rafa le gusta manejar, pero a veces toma el metro para ir a entrenar. Le gusta hablar con la gente en la calle y firmar autógrafos. Le encanta ir al cine con sus hijos y también al teatro con su esposa y sus amigos. Sus platos preferidos son los chiles en nogada y el ceviche a la veracruzana.
No le gusta mucho la comida grasosa.

	V	F
a. A Rafa no le gusta manejar.	☐	☐
b. Rafa desayuna huevos con tocino.	☐	☐
c. A Rafa le encanta la cochinita pibil.	☐	☐
d. A Rafa le gusta mucho ir al cine con sus hijos.	☐	☐
e. Rafa hace mucho deporte.	☐	☐

5.19 **Escribe sobre los gustos de algún personaje famoso de tu país, un familiar o un personaje imaginario.**

....

3. EL VERBO *DOLER* Y LAS PARTES DEL CUERPO (Textbook pp. 156-157)

- El verbo ***doler*** se conjuga como ***gustar***.

Opcional (para dar énfasis)	Pronombre de objeto indirecto	Formas verbales	Lo que le duele
A mí	me	duele	la cabeza, el hombro, el estómago, la rodilla
A ti	te		
A él/ella/usted	le		
A nosotros/as	nos	duelen	las piernas, las manos, los brazos, las muelas
A vosotros/as	os		
A ellos/as/ustedes	les		

- También se puede utilizar la expresión ***tengo dolor de*** + parte del cuerpo.
  – *Tengo dolor de cabeza/pies/muelas/piernas…*
- Cuando hablamos de una parte de nuestro cuerpo con el verbo *doler*, utilizamos el artículo, no el posesivo.
  – *Me duele la cabeza* **NO** ~~*Me duele mi cabeza*~~.
- Otras formas de expresar dolor o malestar son:

	ESTAR + adjetivo		**TENER + nombre**	
Yo	estoy	enfermo/a	tengo	fiebre
Tú	estás	cansado/a	tienes	gripa/gripe
Él/ella/usted	está	resfriado/a	tiene	náuseas
Nosotros/as	estamos	enfermos/as	tenemos	mareos
Vosotros/as	estáis	cansados/as	tenéis	catarro
Ellos/ellas/ustedes	están	resfriados/as	tienen	escalofríos

5.20 **Relaciona.**

1. Me duele.
2. Te duele.
3. Le duele.
4. Nos duele.
5. Les duele.
6. Les duele.

a. Pedro tiene dolor.
b. Tenemos dolor.
c. Jaime y Paz tienen dolor.
d. Tengo dolor.
e. Tienes dolor.
f. Ustedes tienen dolor.

5.21 **Completa con las partes del cuerpo. Asegura de incluir los artículos (*el pie, los pies*).**

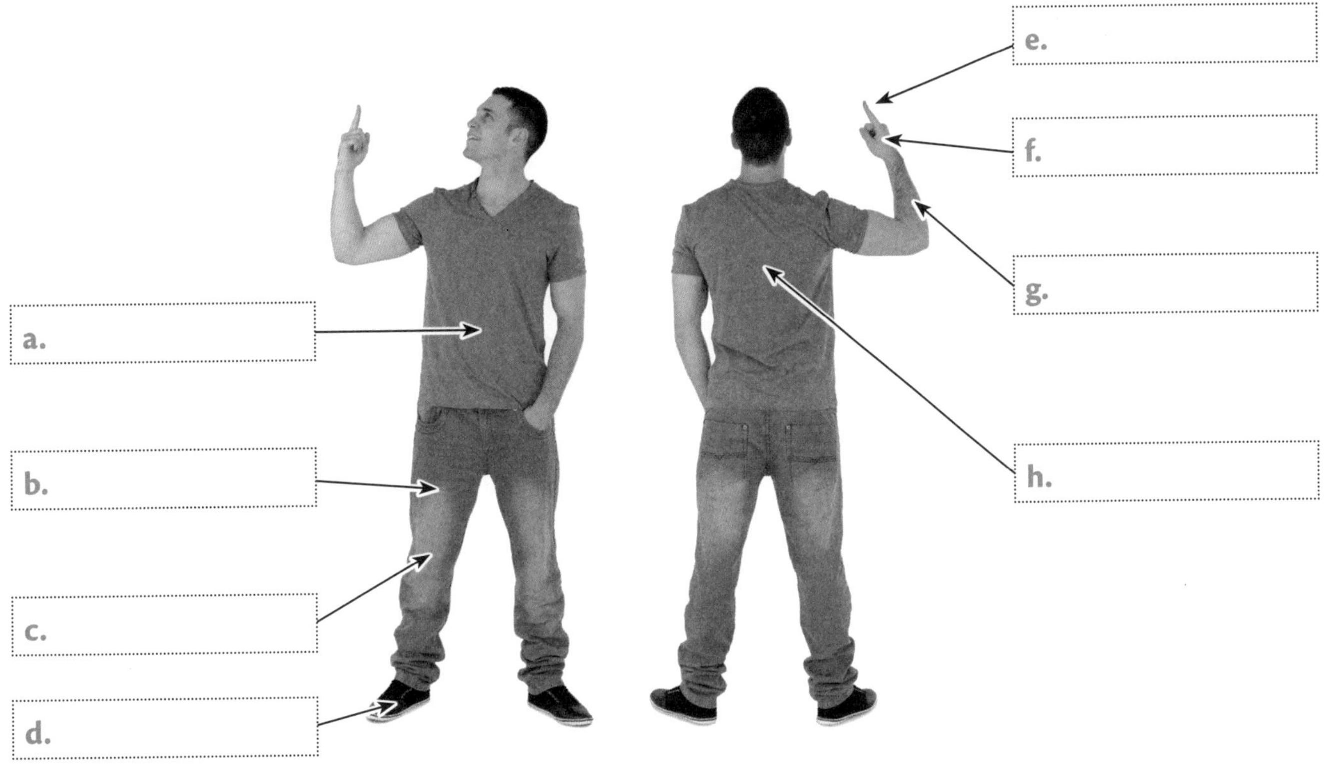

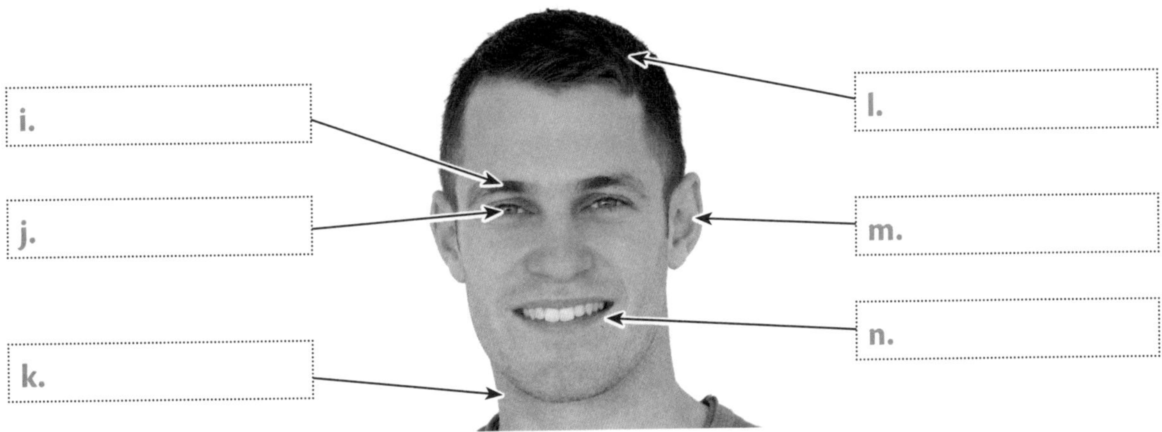

5.22 **Mira a estas personas. No están bien. ¿Qué les duele?**

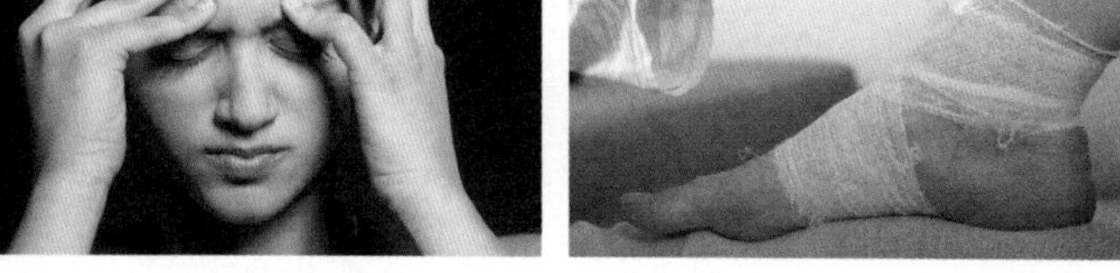
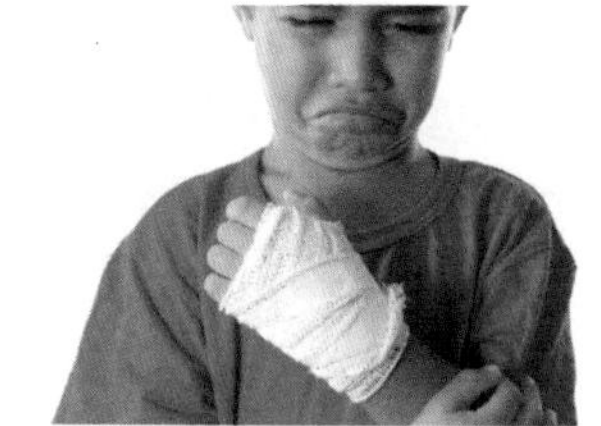

a. Le duele la cabeza. b. .... c. .... d. ....

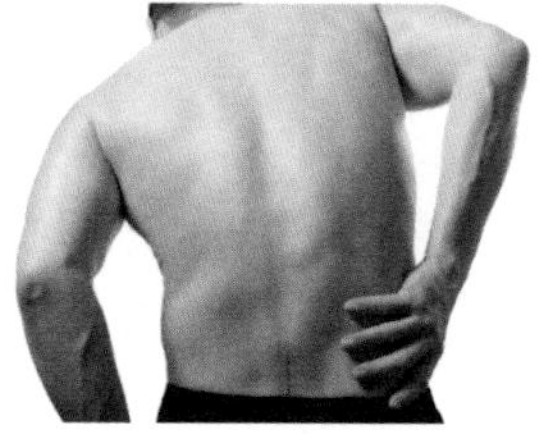
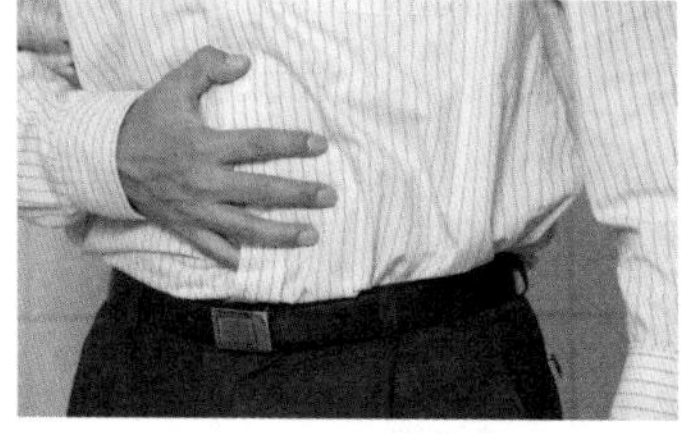
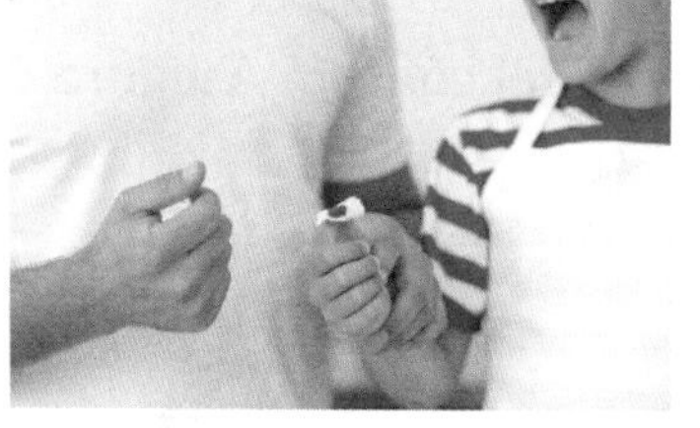
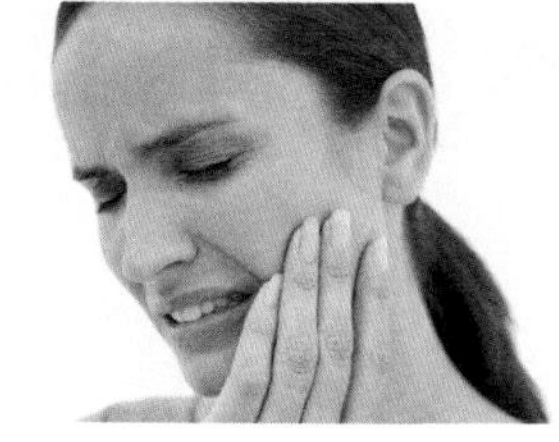

e. .... f. .... g. .... h. ....

5.23 **¿Y a ti? ¿Qué te duele?**

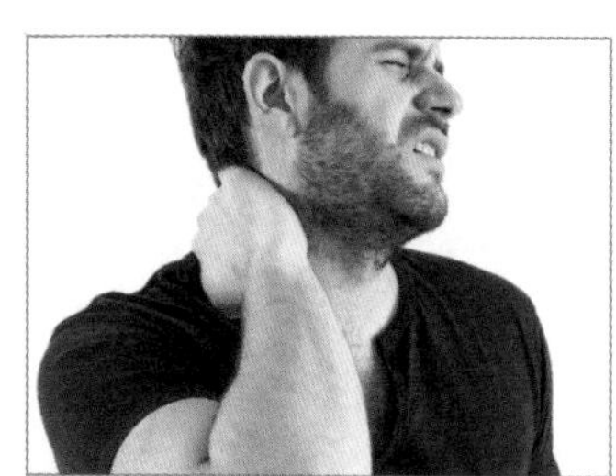

5.24 **Lee el siguiente texto y luego contesta las preguntas.**

Informe médico

Nombre del paciente: María Flores Martínez.
Edad: 29 años.
Dirección: Calle del Norte, 42.
Población: Guadalajara, Jalisco.

Observaciones: La paciente, María Flores, presenta dolores de cabeza fuertes. No tiene fiebre, tampoco presenta síntomas de resfriado común, como tos, dolor de garganta, etc. Le duele especialmente la cabeza cuando lee, trabaja en la computadora o mira la televisión, también le duelen los ojos.

Recomendaciones: Visitar al oculista porque parece un problema de graduación de la vista.

a. ¿Qué síntomas presenta la paciente?
....
b. ¿Dónde vive la paciente?
....
c. ¿El médico cree que tiene un problema grave en la cabeza?
....
d. ¿Qué solución le propone el médico a María?
....
....

Fíjate: En los países latinoamericanos, cuando vas a la consulta del doctor, es habitual entablar conversación con las personas de la sala de espera y comentar por qué se ha ido al médico. Esto es un ejemplo de comportamiento cultural. ¿Qué opinión tienes sobre esta costumbre? ¿Lo ves como algo normal? Anota algunas ideas y lo compartiremos con la clase.

LECTURA

■ Antes de leer

5.25 Fíjate en las fotos del texto. ¿Qué tipo de lugar es? ¿Cómo describirías la comida que se sirve? ¿Cuándo crees que la gente sale a comer este tipo de comida? ¿En qué país crees que están?

> **Reading Strategy: Predicting content from visuals**
>
> Make sure to look for visual clues that will direct you to the content of what you are reading. They can help trigger personal associations with the topic that allows you to think ahead about the information that will most likely be presented.

■ Leer

5.26 Lee el texto y contesta las preguntas.

Las tapas

Algo muy característico y muy típico en España son las tapas. Llamamos tapas a la comida que en un bar o restaurante ponen junto a la bebida.

Cuando en España se pide algo para beber es costumbre ofrecer algo para comer que no hay que pagar. Lo más habitual son aceitunas, patatas fritas, un poco de jamón o un pequeño plato de cualquier tipo de comida. No siempre es así, en muchos bares sí hay que pagarlo. Se pueden pedir varias tapas y compartirlas para comer o cenar con tus amigos.

El origen de la palabra *tapas* viene de la antigua costumbre de tapar los vasos con comida para evitar la entrada de polvo, moscas o cualquier otro tipo de insecto. Normalmente los bares que ofrecen buenas y grandes tapas están llenos de gente. A la acción de ir de tapas se la llama *tapear* y es normal escuchar a los españoles decir: *¿Salimos hoy a tapear?*

a. Las tapas normalmente son gratis.	**a.** sí	**b.** no
b. Una tapa habitual…	**a.** fruta	**b.** aceitunas
c. Un plato pequeño de paella puede ser una tapa.	**a.** sí	**b.** no
d. El origen de las tapas es…	**a.** moderno	**b.** antiguo
e. La acción de comer tapas se llama…	**a.** tapear	**b.** patear

■ Después de leer

5.27 Ahora completa con la información de tu país.

a. En mi país los platos típicos son…
b. En mi país cuando estamos en un café o restaurante es típico comer…
c. En mi país cuando hacemos una fiesta es típico comer…

> **Fíjate:** En otros países de Hispanoamérica las tapas se llaman *botanas, antojitos, bocaditos, picaderas,* y también son pequeñas porciones de comida para acompañar la bebida.

ESCRITURA

■ Antes de escribir

WRITING STRATEGY: EXPRESSING AND SUPPORTING OPINIONS

One of the ways of stating opinions is by written reviews. In order to convince the reader, you need to support your opinion by offering detail, facts, and examples. One good strategy is to think of questions that your readers might ask.
If it's a restaurant review, make sure to cover each feature of the restaurant experience (food, service, decor, price, etc.).

5.28 Vas a escribir una crítica culinaria sobre un restaurante local para el blog de la escuela titulado *Tiempo de ocio*. Vas a clasificar el restaurante al darle de una a cinco estrellas, y presentar tus recomendaciones para futuros clientes. Trata de cubrir estos puntos:

La comida
¿Qué tipo de comida es (nacionalidad, rápida, de calidad...)? ¿Cuál es el mejor plato? ¿Cómo son los postres?

El servicio
¿Toman reservaciones? ¿Hay que esperar mucho para conseguir una mesa? ¿Son los meseros/as eficientes, simpáticos y serviciales?

El ambiente
¿Es informal o elegante? ¿Hay música? ¿Hay facilidad de comer en el exterior (patio, terraza)?

Un poco más de información
¿Cómo son los precios? ¿Aceptan tarjeta de crédito? ¿Localización?

■ Escribir

BLOG — TIEMPO DE OCIO: SALIDA GASTRONÓMICA

■ Después de escribir

5.29 Revisa los siguientes aspectos del escrito:

- Ortografía: los signos de interrogación y admiración.
- Precisión gramatical: la estructura de las oraciones, uso de vocabulario y concordancia verbal.
- Coherencia de ideas y organización de la información.

DISCURSO

Oral Presentation Strategy: Listen to yourself speak

Speak clearly. Make sure you enunciate and don't talk too quickly, you will run into errors.

5.30 **Vas a dar una presentación oral sobre "Tú y la comida". Debes hablar sobre:**

Tú y la comida

- Gustos y preferencias en relación a la comida y las costumbres horarias.
- Tu nombre.
- Hábitos alimentarios de tu país.
- País de origen de tu familia.

FONÉTICA Y ORTOGRAFÍA

Las letras *r* y *rr*

Sonido /r/

- Vocal + **r** + vocal: *ma**ri**no, ah**ora**, c**ara**…*
- Final de sílaba o palabra: *ve**r**, ma**r**, a**r**te…*
- Después de consonante diferente a ***n, l, s***: ***br**azo, **pr**ado…*

Sonido /rr/

- Vocal + **rr** + vocal: *c**arre**te, m**arró**n…*
- Inicio de palabra: ***r**ecto, **r**osa…*
- Después de consonante ***n, l, s***: *a**lr**ededor, E**nr**ique, I**sr**ael…*

- La ***r*** tiene un sonido vibrante al inicio de una palabra (como un motor): ***R**odrigo, **r**utina, **r**opa…*
- En cualquier otra posición, la ***r*** tiene un sonido flojo: *gusta**r**, p**r**imero, c**r**ema…*
- La combinación ***rr*** solo aparece entre vocales y siempre tiene un sonido vibrante: *co**rr**o, piza**rr**a, ca**rr**o…*
- Hay que tener cuidado al usar la ***r*** y la ***rr*** entre vocales, ya que al pronunciarlas incorrectamente puede crear confusión entre dos palabras diferentes: *pe**r**o/pe**rr**o, ca**r**o/ca**rr**o, co**r**o/co**rr**o…*

5.31 **Escribe con *r* o *rr*.**

a. ca......tero	**c.** te......emoto	**e.** mad......e	**g.** F......ancisco	**i.** a......iba
b. control ......emoto	**d.** te......ible	**f.** ......eloj	**h.** enfe......mera	**j.** c......imen

5.32 **Busca en el diccionario el significado de los siguientes pares de palabras.**

pa**r**a/pa**rr**a: ....

pe**r**o/pe**rr**o: ....

ce**r**o/ce**rr**o: ....

mi**r**a/mi**rr**a: ....

5.33 **Lee este refrán en voz alta y fíjate en el uso de la *r* y *rr*.**

Perro que ladra no muerde.

5.34 **Ahora, crea un refrán o frase usando la *r* y la *rr*. ¡Sé original!**

....

E. CULTURA

PLATOS TÍPICOS Y SUS RECETAS

5.35 ¿Sabes qué son las empanadas? ¿Son típicas de tu país? Describe qué son las empanadas para ti.

....

....

....

5.36 Toda receta tiene su historia. Vamos a conocer cuál es el origen de las empanadas.

Hay muchos tipos de empanadas con rellenos diferentes: *las salteñas, las tucumanas, las arepas, las empanadas argentinas*, etc.

Las empanadas son originarias de Persia. De Persia viajan a España con los árabes en el siglo VIII. De España viajan a América. Primero llegan a la región andina y de allá a toda Latinoamérica.

Esta exquisita y práctica comida tiene distintas variantes: picante, dulce o salada. Las preparan en el horno común o de barro, o fritas, con repulgue [1] arriba. Las cocinan con comino en el noroeste argentino o con ají [2] en Perú, también con aceituna o pasas de uva, etc. En México las hacen con tortillas o maíz, las rellenan tradicionalmente con queso y las llaman "quesadillas". Las primeras empanadas *potosinas* se cocinan en la ciudad de Potosí (Bolivia) en el siglo XVI, y como las venden mujeres de la ciudad de Salta (Argentina) se llaman *salteñas*. Dicen que son las más famosas y están en todas las fiestas. El relleno cambia de región en región. Las típicas empanadas salteñas tienen forma de *croissant*.

Llevan huevo duro, cebolla blanca, cebolla de verdeo, pimentón, ají, comino y pasas de uva. Después de rellenar la masa, se cocinan en horno de barro o se fríen y ¡a comerlas con la mano!

[1] El repulgue es el cierre que se hace en los bordes de las empanadas doblando la masa con las manos o con un tenedor.

[2] El ají es similar al chile.

Quesadillas

Arepas

Empanadas argentinas

5.37 Compara tu definición de empanadas con la información del texto. ¿En qué se parecen?

5.38 Responde a las preguntas según el artículo.

a. Busca tres tipos de empanadas.

....

b. Encuentra cinco ingredientes.

....

c. Localiza tres sabores.

....

d. ¿De dónde son originarias las empanadas?

....

e. ¿A qué lugar de Latinoamérica llega por primera vez la empanada?

....

5.39 12 **Ya conocen las empanadas de Latinoamérica. ¿Y las de España? Vas a escuchar a un famoso cocinero español hablar sobre diferentes tipos de empanadas españolas.**

Completa la información que falta en los cuadros.

¿De dónde es?	¿Cómo se llama?	El relleno tiene...
a. Castilla y León		
b. Galicia	Empanada	Chorizo, jamón con tocino, huevos cocidos, pimientos y carne de cerdo.
c.		
d. Asturias		
e.	Empanada	Lomo, jamón york, jamón serrano, cebollas, pimientos, ajo y vino blanco.
f. Cataluña		
g.	Pastissets	Boniato.
h. Islas Baleares	Cocarrois	

5.40 **Compara la empanada latina con la de España. ¿En qué se parecen? ¿En qué se diferencian?**

....

....

....

5.41 **¿Cuál es el plato típico de tu país de origen? Escribe qué ingredientes tiene y cómo se hace.**

....

....

....

UNIDAD 6

VAMOS DE VIAJE

A. VOCABULARIO

LOS MEDIOS DE TRANSPORTE (Textbook pp. 176-177)

6.1 🎧 13 **Óscar no conoce la Ciudad de México muy bien, pero tiene que viajar. Como quiere ir a la Central de Autobuses y prefiere el transporte público, pregunta a su amigo Paco. Lee estos diálogos y ordena las viñetas. Después, escucha y comprueba.**

a.

Sale. ¡Ah!, ¿sabes cuánto cuesta el boleto?

3 pesos, pero es mejor comprar una tarjeta electrónica. Cuesta 10 pesos y luego la puedes recargar muchas veces. Así no tienes que hacer cola.

b.

c.

d.

Necesito tu ayuda. Voy a la Central Camionera del Poniente. ¿Cómo me voy desde acá?

En metro... Mira, estamos en Ciudad Universitaria, enfrente de la universidad. Toma la línea 3 y bájate en la estación Balderas. Necesita transbordar a la línea 1 rumbo a Observatorio. Bájate en Observatorio. Enseguida está la Central Camionera.

6.2 **Relaciona.**

1. ¿Por qué vamos en metro?
2. Gire a la derecha y después...
3. ¿Dónde hay...
4. El avión es...
5. Necesito información sobre...
6. María José prefiere...
7. ¿Qué necesitamos para...
8. Usted necesita...
9. ¿Cómo puedo ir...
10. ¿Sabes cuánto...
11. ¡Muchas gracias por su ayuda!

a. pasar las vacaciones en la playa.
b. al centro?
c. pasar unas vacaciones en la montaña?
d. Porque es rápido y ecológico.
e. una parada de autobús?
f. rápido y puntual.
g. siga todo recto.
h. su licencia de conducir para la tarjeta.
i. cuesta una tarjeta electrónica?
j. De nada.
k. la tarjeta electrónica.

6.3 **Mira la siguiente lista de adjetivos. Todos pueden relacionarse con medios de transporte. Clasifícalos en positivos (+) o negativos (–). Después, escribe cinco frases con estos adjetivos sobre las ventajas e inconvenientes de los medios de transporte.**

	+	–
a. ecológico	☐	☐
b. limpio	☐	☐
c. cómodo	☐	☐
d. peligroso	☐	☐
e. divertido	☐	☐
f. económico	☐	☐
g. cansado	☐	☐
h. práctico	☐	☐
i. puntual	☐	☐
j. interesante	☐	☐
k. seguro	☐	☐
l. contaminante	☐	☐

Modelo: El avión es rápido, pero es muy contaminante.

....

....

....

LA CIUDAD (Textbook pp. 178-179)

6.4 **Fíjate en los dibujos. Completa las tarjetas con el nombre de los objetos y las tiendas que representan. Usa el diccionario para las palabras que no conoces. Después relaciónalos.**

aspirinas • puesto de periódicos • periódico • cantina • timbres • correo • farmacia • botana • entradas • taquilla • boleto • teatro

1. ....
2. ....
3. Carta
4. ....
5. ....
6. ....
7. ....

a. ....
b. ....
c. ....
d. ....
e. ....
f. ....
g. Buzón

6.5 14 **Escucha los diálogos y completa.**

Diálogo 1

T□ v□□ t□□□ □□r□□□o	D□□ □□□□□□ a l a d□□□□h□	D□□ □□□□□□ a l a iz□□□□□d□

Diálogo 2

➤ Oye. ...., ¿.............. .... dónde hay una farmacia por ....?

▷ Pues, no tengo ni idea, disculpa. No soy de la ciudad.

➤ Ah, vaya, ..., ¿eh?

Diálogo 3

➤ Disculpe, ¿.............. .... Santander Mexicano, por favor?

▷ Un momento... Sí, mire. Está muy cerca. Vaya todo derecho y allá, en la esquina, a cien metros. .... la entrada de la estación del metro.

➤ Muchas gracias, muy amable.

6.6 **Vas a caminar por el centro histórico del D.F. (Distrito Federal). Escribe cómo puedes ir a estos lugares y márcalos en el mapa que está a continuación.**

a. Estás en la **Plaza de La Ciudadela**. Quieres ir a **Palacio Nacional**.

....

b. Estás en el **Museo Nacional de Arte** y quieres ir al **Zócalo**.

....

c. Estás en el **Templo Mayor** y quieres ir a la **Torre Latinoamericana**.

....

LOS MEDIOS DE TRANSPORTE

6.7 **Contesta las preguntas.**

a. ¿Qué otros medios de transporte conoces? Escríbelos.

....

....

b. ¿Sabes cuál es la diferencia entre un *camión* y un *autobús*?

....

....

Fíjate: En México, un camión es el medio de transporte urbano dentro de una ciudad. Por ejemplo: *Para ir al centro de la ciudad, toma la Ruta de camión número 59.* Un autobús, en cambio, es el medio para viajar de una ciudad a otra dentro del país. Por ejemplo: *Los autobuses Estrella Blanca van a Monterrey.*

6.8 **En la Central Camionera del Sur, Juan viaja a Taxco. Reconstruye el diálogo.**

¿A qué hora? • Quería un boleto para Taxco • ¿Qué asiento prefiere? • ¿Ventanilla o pasillo? • ¿Para qué día? • ¿Sencillo, redondo o abierto?

➤ Buenas tardes. **a.** ....
▷ **b.** ....
➤ Para el próximo miércoles.
▷ **c.** ....
➤ A las seis de la mañana.
▷ **d.** ....
➤ Cerca del chofer.
▷ **e.** ....
➤ Pasillo.
▷ **f.** ....
➤ Sencillo.
▷ Bien. Asiento 10. Son $500.60.

Taxco, México

LA CIUDAD

6.9 **Puede haber otras maneras de expresar en español los siguientes lugares y medios de transporte. Indica cómo lo dices tú y luego comprueba la palabra en algún diccionario en línea. ¿Está reconocida? ¿La deletreaste correctamente?**

	Yo lo digo así...	Comprobar en el diccionario
el camión		
la parada		
el carro		
la estética		
la botica		
el supermercado		
la oficina de correos		
el puesto de periódicos		
¿Otro medio de transporte o lugar?		

1. VERBOS IRREGULARES EN PRESENTE (Textbook pp. 180-181)

- Los verbos ***ir***, ***seguir***, ***conocer*** y ***jugar*** son también irregulares en presente:

	IR	SEGUIR	CONOCER	JUGAR
Yo	**voy**	**sigo**	**conozco**	**ue**go
Tú	**vas**	s**i**gues	conoces	**ue**gas
Él/ella/usted	**va**	s**i**gue	conoce	**jue**ga
Nosotros/as	**vamos**	seguimos	conocemos	jugamos
Vosotros/as	**vais**	seguís	conocéis	jugáis
Ellos/ellas/ustedes	**van**	s**i**guen	conocen	**jue**gan

- El verbo ***ir*** es irregular porque no sigue ninguno de los modelos de conjugación. Normalmente, la preposición ***a*** va después del verbo para indicar dirección.
  – *Vamos a la playa.*

- El verbo ***seguir*** es irregular en la forma ***yo*** y también tiene un cambio de raíz: *e>i.*
  – *Sigo las direcciones del mapa.* – *Si sigues todo derecho, llegas a la estación.*

- El verbo ***conocer*** es irregular en la forma ***yo***. La preposición ***a*** va después del verbo cuando se usa con personas.
  – *¿Conoces bien la ciudad?* – *Conozco a muchas personas de Cuba.*

- Recuerda que el verbo ***jugar*** es el único verbo en español que tiene un cambio de raíz en la ***u***: *u>ue.*

- Normalmente, la preposición ***a*** va después del verbo.
  – *Jugamos a los videojuegos en casa de Rafa.* – *Alejandro juega al tenis.*

EXPANSIÓN GRAMATICAL

- Otros verbos con la irregularidad ***–zc*** en la forma ***yo***:

Verbos como ***conocer***	Significado en inglés
agradecer ➔ agradezco, agradeces...	
parecerse (a) ➔ me parezco, te pareces...	
conducir ➔ conduzco, conduces...	
producir ➔ produzco, produces...	
traducir ➔ traduzco, traduces...	
reducir ➔ reduzco, reduces...	

- Otros verbos con la irregularidad ***gu>g*** en la forma ***yo***:

Verbos como ***seguir***	Significado en inglés
conseguir ➔ consigo, consigues...	
perseguir ➔ persigo, persigues...	
distinguir ➔ distingo, distingues...	

6.10 **Completa el cuadro anterior con la traducción de los verbos en inglés. Usa un diccionario si no conoces alguno de ellos.**

6.11 **Escribe la forma correcta del verbo.**

a. Pedro (jugar) .... con sus amigos.
b. Nosotros (seguir) .... las instrucciones.
c. Yo no (conocer) .... a Juan.
d. Ellos (ir) .... a la playa en el verano.
e. ¿(Conocer) .... tú Puerto Vallarta?
f. ¿Quién (seguir) .... después de Ana?
g. Claudia, ¿(ir) .... en carro a la escuela?
h. Nosotros (jugar) .... al tenis.

6.12 **Completa las frases con los verbos siguientes.**

ir • seguir • jugar • conocer

Muchos aprenden a jugar futbol (*soccer*) desde niños. (Ellos) (a) .... en el recreo, entre clases, o en los fines de semana. Muchos (b) .... las reglas y muchos hacen sus propias reglas.

A veces, los niños (c) .... a un parque después de clases para jugar una hora antes de que sus padres los llamen a cenar. Este es el medio por el que un niño nuevo (d) .... a otros niños en su vecindario o en la escuela. Cuando hay un partido oficial, todos, padres e hijos, (e) .... al estadio y es toda una fiesta. Normalmente, los latinoamericanos (f) .... a su equipo favorito y lo apoyan indiscutiblemente. ¿Tú (g) .... a alguna persona a quien le guste el futbol? ¿Esa persona (h) .... futbol o solamente lo ve en la televisión?

6.13 **Escribe un texto similar describiendo el deporte que te gusta jugar. ¿Sigues las reglas de este deporte? ¿Conoces a un equipo profesional de ese deporte?**

....
....
....
....
....
....
....

2. LAS PREPOSICIONES DE LUGAR *EN, A, DE* (Textbook p. 182)

Los verbos de movimiento van acompañados de algunas preposiciones de lugar:

- ***en*** indica el medio de transporte:
  – *Viajamos **en** carro.*
- ***a*** indica destino:
  – *Voy **a** Caracas.*
- ***de*** indica origen y procedencia:
  – *Vengo **de** Santiago.*

6.14 **¿Qué preposición elegimos? ¿*A, al, en , de, del* o nada?**

a. Voy a estar .... la playa toda la tarde.
b. Vamos .... Buenos Aires dentro de dos semanas.
c. Yo viajo .... centro de la ciudad todos los días.
d. ¿Dónde .... está Juan? ¿Está .... vacaciones con sus padres?
e. ¿ .... qué hora sales de clase?
f. Viven .... un barrio muy típico del centro de la ciudad.
g. Tú vas .... carro normalmente, pero hoy vas .... camión porque el carro no funciona.
h. Tengo dos amigos que viven .... San José.
i. Vivo .... el segundo piso.
j. ¿ .... qué piso vas?

6.15 **Ordena las frases siguientes.**

a. en / moto / ciudad / Yo / la /voy / centro / de / al ➜ ....
b. Mis / prefieren / en / amigos / ir / carro ➜ ....
c. Ustedes / necesitan / el / tomar / no / bus; / van / a pie ➜ ....
d. no / carro / el / prefiero / Yo / camión / necesito / en / ir ➜ ....
e. en / universidad / Pablo / a la / moto / va ➜ ....

6.16 **Pablo, Nora, Sergio y Nuria están en Barcelona este fin de semana. Completa los diálogos con la forma verbal (1, 2, 3...) y la preposición (a, b, c...) correctas.**

Sergio: ¿(1) .... (ir, nosotros) (a) .... Parque Güell esta tarde?
Nuria: ¿(b) .... Parque Güell? Está lejos, ¿no?
Sergio: Necesitamos (2) .... (tomar) el metro hasta Vallcarca y desde allí (3) .... (ir, nosotros) (c) .... pie.
Nora: Yo (4) .... (preferir) ir (d) .... bus, hay uno directo desde Plaza Cataluña.
Sergio: Y tú, Nuria, ¿qué (5) .... (preferir, tú) tomar?
Nuria: Yo (6) .... (ir) mejor (e) .... metro y después (f) .... pie, o también está el tranvía, hay uno que (7) .... (ir) (g) .... la Plaza Molina, cerca del parque.
Pablo: Uf, qué lío: bus, metro, tranvía, a pie... ¿Por qué no (8) .... (ir, nosotros) (h) .... monopatín? Ja, ja, ja.
Nora: Ya está, Sergio y Nuria, ustedes (9) .... (ir) (i) .... metro y (j) .... pie, Pablo y yo (10) .... (tomar) el bus y nos vemos en la entrada del parque, ¿vale?

6.17 **Completa las preguntas con una preposición o nada. Después, usa el plano del metro del D.F. para contestarlas.**

a. Estás .... la estación Tacuba. ¿Cuántas estaciones debes pasar para llegar .... la estación Bellas Artes?

b. Estás .... la estación Bellas Artes y quieres ir .... la estación Ciudad Deportiva. ¿......... qué estación necesitas transbordar?

c. Estás .... Tacuba y quieres ir .... tu hotel. Tomas la línea azul .... Tacuba hasta Bellas Artes. Allá transbordas .... la línea verde. Bajas .... Chabacano y tomas .... la línea café. Es la primera parada. ¿Dónde está .... tu hotel?

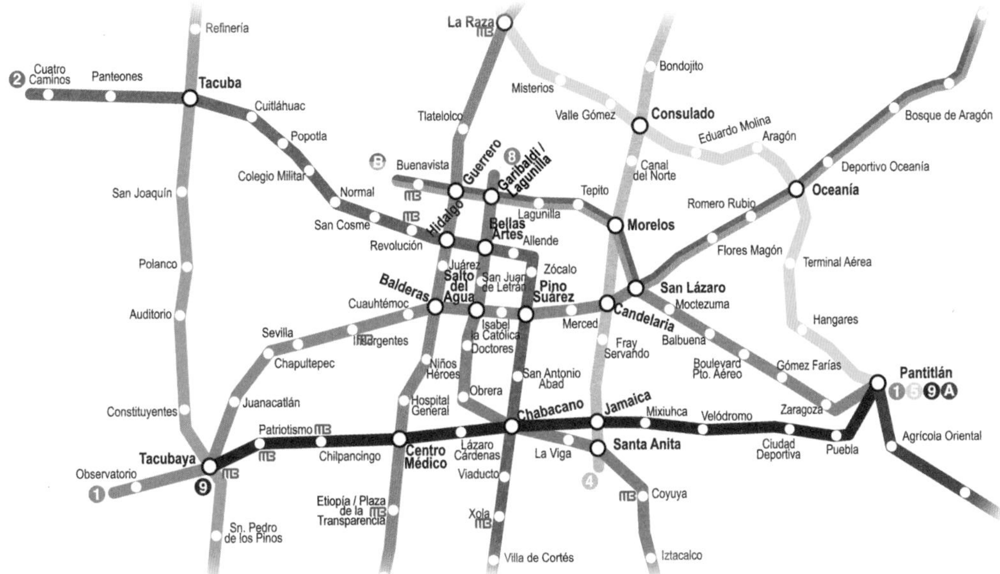

3. ADVERBIOS DE CANTIDAD: *DEMASIADO, MUCHO, BASTANTE, POCO* (Textbook p. 183)

	+	
Juan come	**demasiado**	– *Luis trabaja demasiado.*
	mucho	– *Ana viaja mucho.*
	bastante	– *Pedro estudia bastante.*
	poco –	– *Rosa estudia poco.*

- ***Demasiado***, ***mucho***, ***bastante*** y ***poco*** pueden funcionar también como adjetivos. En estos casos son variables y concuerdan con el nombre al que acompañan.

demasiado/a/os/as mucho/a/os/as bastante/s poco/a/os/as

– *En Los Ángeles hay demasiada gente.* – *Hoy tengo muchas tareas.*

MUY / MUCHO

- ***Muy*** es invariable y se usa delante de adjetivos y adverbios.
  – *Él/ella es **muy inteligente**.* – *Ellos/ellas hablan **muy despacio**.*
- ***Mucho*** se usa:
  - después de un verbo (es un adverbio y es invariable):
    – *Juan **come mucho**.*
  - delante de un sustantivo con el que concuerda (es un adjetivo y es variable):
    – *Hace **mucho calor**.* – *En el concierto hay **muchas personas**.*

6.18 **Escoge la opción correcta.**

a. Nosotros jugamos tenis **muy/mucho** bien.
b. Pablo no practica **muy/mucho** su guitarra.
c. El sur de España es **muy/mucho** cálido.
d. Ellos tienen **muy/mucho** sueño.
e. Tú tienes **muy/mucha** alegría.
f. La clase es **muy/mucha** interesante.
g. Mi casa no es **muy/mucho** grande.
h. Javier trabaja **muy/mucho**.

6.19 **Elige la opción correcta.**

a. Leonor nunca sale con sus amigas. Ella sale **poco/mucho** con sus amigas.
b. Mis amigos se pasan 5 horas al día conectados en las redes sociales. Pasan **bastante/demasiado** tiempo conectados.
c. Podemos comprar nuestros zapatos de tenis ahora. Tenemos **bastante/demasiado** dinero.
d. Si no tengo hambre, como solamente unas galletas con poca mantequilla. Como **poco/bastante**.

6.20 **Relaciona los elementos de las tres columnas y añade una terminación lógica para crear frases lógicas.**

En mi casa		muy	
La calle	**hay**	poco/a/os/as	
El parque	**tiene**	mucho/a/os/as	**¿...?**
En mi barrio	**es**	demasiado/a/os/as	
Mi ciudad		bastante/s	

....

....

....

6.21 **Relaciona. ¿Qué tres frases no tienen correspondencia?**

1. Toma la línea verde del metro, son tres paradas.
2. Si vas de vacaciones a la isla, necesitas rentar un carro.
3. Para viajar por el centro de la ciudad, lo mejor es ir en bus, en metro o a pie.
4. No tengo abono transporte, un billete sencillo, por favor.
5. Necesito comprarme una maleta pequeña para no facturar en el avión.
6. Acuérdate de meter el pasaporte y la guía de viajes.
7. Estas vacaciones prefiero ir a la montaña, a respirar aire puro.
8. Muchas gracias por su información.
9. Perdone, ¿la playa, por favor?
10. Tengo una moto nueva, es cómoda y rápida para ir por la ciudad. Te llevo al trabajo en moto.

a. Son 2 dólares.
b. Sí, ya los tengo en la maleta.
c. Perdona, ¿cómo puedo ir hasta el Liceo?
d. Sí, mire, puede ir en carro hasta la iglesia y después a pie unos diez minutos, allí está la playa.
e. Renta-auto, la empresa de renta de carros de tu isla.
f. ¿Tienes otro casco? Es obligatorio llevarlo en la moto.
g. Oferta última semana de agosto: disfruta de un paisaje excepcional rodeado de montañas y lagos, con un ambiente limpio, sin contaminación.

LECTURA

■ Antes de leer

6.22 Juan Carlos es de Santiago de Chile y Ana de Madrid, pero viven en Barcelona y México D.F., respectivamente. Son amigos y se escriben un correo. Observa las imágenes, ¿de qué crees que tratan los correos?

....

■ Leer

6.23 Lee los correos que se escriben para confirmar tu respuesta anterior y, después, elige las dos imágenes de los transportes que se mencionan y la ciudad a la que pertenecen.

6.24 Vuelve a leer los correos, subraya las palabras clave e intenta comprender su significado.

> **READING STRATEGY: RECOGNIZING KEY WORDS**
>
> Read through the selection and highlight the key vocabulary that is critical to understanding the sentence or paragraph. Try to determine the meaning of these words using context clues, cognates, and word families (*estacionar* ➜ *estacionamiento*).

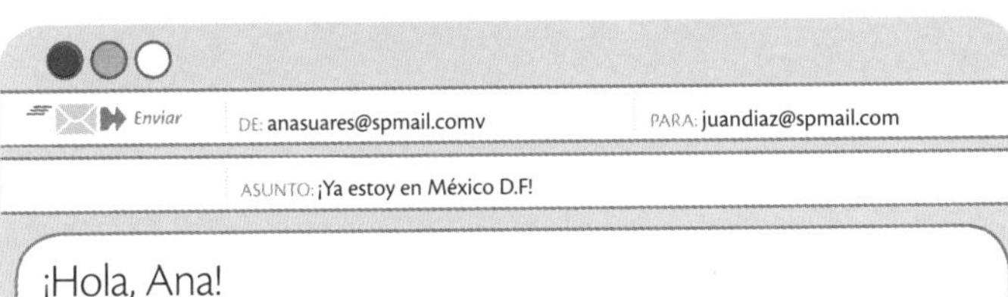

¡Hola, Ana!

¡Qué curioso el Programa Atenea! Aquí en Barcelona no hay nada similar…

Yo voy al hospital en bicicleta. En Barcelona no tenemos ecobús, pero sí tenemos Bicing, es un medio de transporte público que permite ir por la ciudad en bicicleta. ¡Es genial! No contamina, además, es bastante económico. Hay muchas estaciones Bicing por toda la ciudad, la mayoría está muy cerca de las estaciones del metro, de tren y de los estacionamientos públicos.

Increíble, ¿no? ¡Yo practicando deporte!

Bueno, Ana, me despido ya, que me voy al hospital.

Un beso,

Juan Carlos

Hola, Juan Carlos. ¿Cómo estás?

Yo estoy muy contenta en México D.F. Es una ciudad muy bonita y muy grande. Vivo muy lejos de mi trabajo y todos los días tomo varios buses.

Aquí hay muchos medios de transporte: el metro, el tren ligero, el metrobús, el trolebús, el microbús, los camiones y el ecobús, un transporte menos contaminante.

Pero lo más extraño para mí son unos buses rosas, solo para mujeres. Pertenecen al "Programa Atenea", y son gratis para las mujeres embarazadas y las de la tercera edad. ¡Qué curioso!, ¿verdad?

¿Y tú? ¿Qué tal en Barcelona?, ¿y en el hospital?

Un abrazo,

Ana

■ Después de leer

6.25 **Lee las siguientes afirmaciones y di a qué ciudad pertenecen, según la información que acabas de leer.**

	Ciudad
a. El ecobús es uno de los transportes menos contaminantes de la ciudad.	
b. No existe el Programa Atenea ni nada similar.	
c. Hay muchas estaciones de Bicing por toda la ciudad.	
d. Hay buses solo para mujeres.	

6.26 **Ahora vuelve a leer los dos correos. ¿Hay alguna palabra clave que todavía no entiendes? Si es así, puedes consultarla en el diccionario.**

ESCRITURA

■ Antes de escribir

6.27 **Vas a escribir un correo electrónico a un amigo de tu país para decirle cómo es el pueblo o ciudad donde vives. Incluye las ventajas y desventajas que hay de vivir allí. Describe los medios de transporte, los que sueles usar con más frecuencia y por qué.**

WRITING STRATEGY: BRAINSTORMING

Brainstorming can help you create ideas on a specific topic. It is best to write down your ideas in Spanish; you can express them in single words or phrases. Try to have as many ideas written down so that you will have more to choose from later on.

■ Escribir

6.28 **Escribe tu correo.**

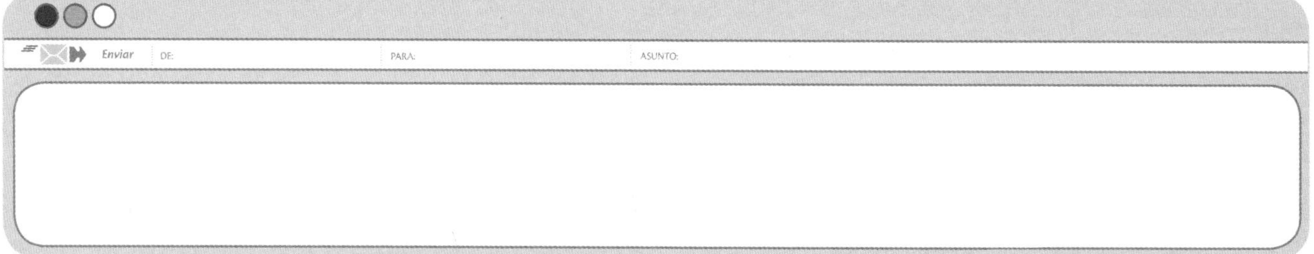

■ Después de escribir

6.29 **Revisa los siguientes aspectos de tu descripción:**

- Ortografía: las palabras escritas con *g*, *gu*, *j*.
- Precisión gramatical: el uso de las preposiciones de lugar, los adverbios de cantidad y la estructura de las oraciones.
- Coherencia de ideas y organización de la información.
- Puntuación.

DISCURSO

Oral Presentation Strategy: Take it slow

Remember that your audience is hearing the material for the first time and isn't nearly as familiar with the topic as you are.

6.30 **Aquí tienes dos anuncios de carros de muy diferentes características. Léelos y prepara un discurso para hablar de los aspectos positivos y negativos de cada uno. Incluye cuál prefieres y por qué.**

El superdeportivo que vuela

Automóvil superdeportivo, biplaza, con una potencia de 660 caballos, moderno y vanguardista, línea estética similar a la de un carro Fórmula 1, en colores rojo y negro combinados en interior y exterior, caja de cambios de seis marchas y un original sistema de apertura de puertas.

El minivan para toda la familia

Minivan de grandes dimensiones con espacio para cinco o siete pasajeros, protege el medioambiente. De conducción suave y dinámica, confort y calidad, equipamiento de seguridad con siete airbags, protección para los más pequeños con asientos infantiles integrados.

FONÉTICA Y ORTOGRAFÍA

Las letras *g* y *j*

Sonido /x/

- j + a, o, u: ***ja**món*, ***jo**ven*, ***jue**ves*...
- g + e, i: ***gen**te*, ***gi**gante*...

Sonido /g/

- g + a, o, u: ***ga**lleta*, ***gor**do*, ***gua**po*...
- gu + i, e: ***gui**tarra*, *Mi**guel***...

6.31 **¿Con *g* o *gu*? Escribe *g* o *gu* en las siguientes palabras. Si no sabes el significado de una palabra, puedes usar el diccionario.**

a. a..............a
b. ....erra
c. ....lotón
d. ....errero
e. a..............rio
f. ....ruta
g. ju..............emos
h. a..............acate
i. e..............oísta
j. ima..............en
k. ....ato
l. ....epardo

6.32 **Adivina el país o la ciudad.**

a. Uru..............ay
b. Ar..............entina
c. Para..............ay
d. ....ranada
e. ....adalajara
f. ....inea Ecuatorial

6.33 **Corrige los errores de las frases.**

a. Mi amijo Gosé es muy simpático.
b. El jersey de Rosa es rogo.
c. Mi instituto está muy legos de mi casa.
d. Gillermo siempre nos gana en los videojuegos.

LA RUTA PANAMERICANA

La llamada Ruta Panamericana es...

...un sistema colectivo de carreteras que une a casi todos los países del continente americano y el único que toca, virtualmente, ambos extremos del globo.

6.34 **¿Sabes por qué países pasa? Escríbelos.**

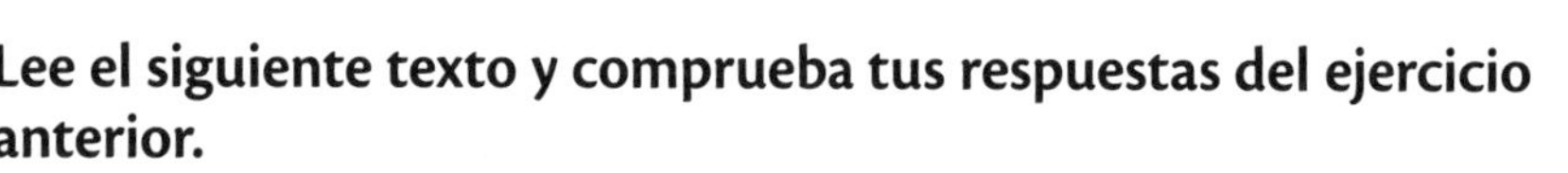

6.35 **Lee el siguiente texto y comprueba tus respuestas del ejercicio anterior.**

La Ruta Panamericana se extiende de Alaska a Argentina. Según el *Libro Guinness de los récords* es la ruta más larga que se puede recorrer con un carro en el mundo. La Ruta Panamericana recorre de sur a norte más de 14 países del continente americano y dependiendo de las rutas puedes hacer desde 25.000 km hasta 48.000 km.

Si vas por toda la costa del Pacífico, pasas por los siguientes países: Argentina, Chile, Perú, Ecuador, Colombia, Panamá, Costa Rica, Nicaragua, Honduras, El Salvador, Guatemala, México, Estados Unidos y Canadá. Además, un tramo enlaza Colombia con Venezuela, Brasil, Paraguay y Uruguay y hay otros en construcción.

La Panamericana pasa por climas y sistemas ecológicos muy diferentes, desde las selvas densas hasta las montañas congeladas. Es poco uniforme, algunos tramos no son transitables durante la estación de lluvias y en muchas regiones viajar en carro es un riesgo.

La Panamericana se encuentra casi completa, excepto un tramo de 87 km de selva montañosa necesario para la conexión completa, ubicado entre el extremo este de Panamá y el noroeste de Colombia y llamado el Tapón de Darién. Hay un proyecto que se llama *Autopistas de la Montaña* que va a unir América del Norte, América Central y América del Sur.

E. CULTURA

6.36 Lee de nuevo el texto y relaciona las siguientes frases.

1. La Ruta Panamericana se extiende...
2. Según el *Libro Guinness de los récords* es...
3. Para completar la ruta faltan...
4. La carretera Panamericana pasa por...
5. Existe un proyecto llamado *Autopistas de la Montaña* que...

a. unirá las tres Américas.
b. 87 km de selva montañosa.
c. de Alaska a Argentina.
d. la ruta más larga que se puede recorrer con un carro en el mundo.
e. climas y sistemas ecológicos diversos.

6.37 Vamos a conocer un poco más los países de la Ruta Panamericana. Une estos países con sus monedas y banderas.

1. Argentina
2. Honduras
3. Perú
4. El Salvador
5. Colombia
6. Costa Rica
7. Nicaragua
8. México

a. el nuevo sol
b. córdoba
c. colón salvadoreño / dólar estadounidense
d. peso colombiano
e. colón costarricense
f. peso argentino
g. lempira
h. peso mexicano

A.
B.

C.

D.

E.

F.

G.

H.

6.38 15 Escucha a estas personas hablar sobre las monedas que se utilizan en sus respectivos países y comprueba si tus respuestas del ejercicio anterior son correctas.

6.39 Escoge un país de la Ruta Panamericana y prepara un viaje por carretera. ¿Qué ciudades puedes visitar, cuántos kilómetros vas a recorrer, qué vegetación vas a encontrar...?

UNIDAD

7

¡CUÁNTAS COSAS!

A. VOCABULARIO

OBJETOS DE CASA Y DE CLASE (Textbook pp. 204-205)

7.1 Identifica los objetos del cuadro. Usa la preposición *para* y define el uso.

¿Qué es?	¿Para qué sirve?
a.	....
b.	....
c.	....
d.	....
e.	....
f.	....
g.	....
h.	....

7.2 **Compara los siguientes objetos y expresa tu preferencia.**

a.

b.

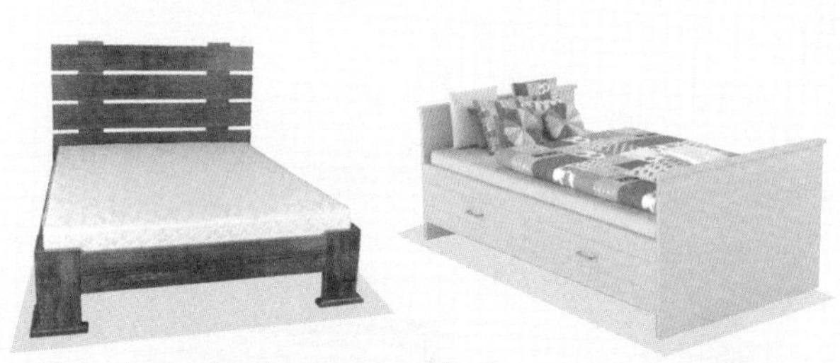

c.

d.

a. ....
b. ....
c. ....
d. ....

Fíjate: Para comparar dos cosas:
- *Esto es **más** bonito **que** eso.*
- *Tu hermano es **tan** alto **como** el mío.*
- *Eso me gusta **menos que** esto.*

7.3 **Tienes la oportunidad de decorar tu cuarto a tu gusto. Haz una lista de cinco cosas que quieres incluir y describe su forma, dimensión, material, color, etc. Puedes usar los objetos del cuadro.**

un sillón • una lámpara • una cama • un escritorio

....
....
....

LOS NÚMEROS DEL 100 AL 999 (Textbook pp. 206-207)

7.4 16 **Completa en letra los números que faltan. Después, escucha y comprueba.**

a. 100 ➜ ....
b. 101 ➜ .... uno
c. 200 ➜ ....
d. 212 ➜ .... doce
e. 400 ➜ ....
f. 435 ➜ .... y ....
g. 500 ➜ ....
h. 546 ➜ .... cuarenta ....
i. 600 ➜ ....
j. 607 ➜ seiscientos ....
k. 700 ➜ ....
l. 777 ➜ .... y siete
m. 900 ➜ ....

7.5 **Visita la página web de Sears Compras en línea y busca los precios de los siguientes objetos para la casa y los estudios. Escribe los precios en las etiquetas. Ninguno de los precios puede superar los 999 dólares.**

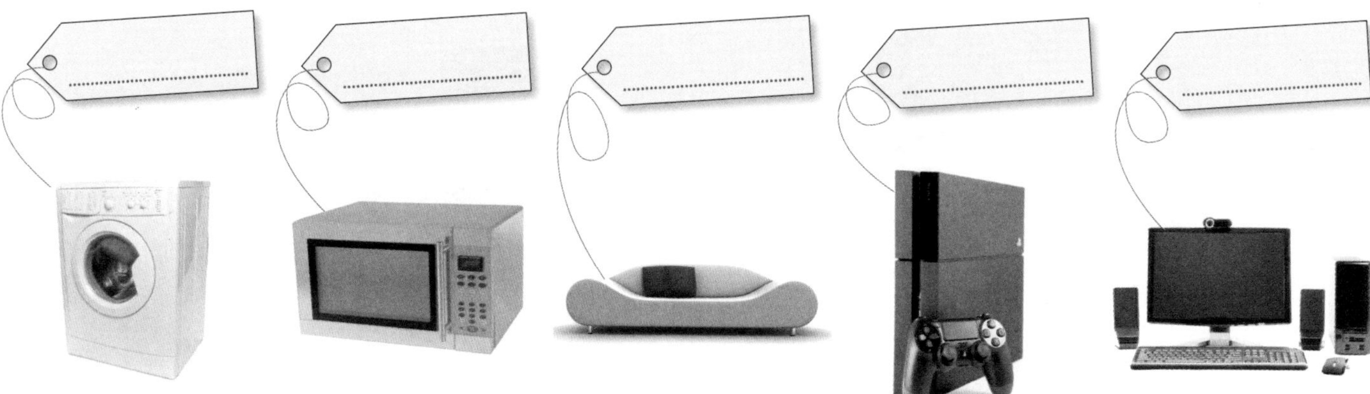

a. Una lavadora de carga frontal.

b. Horno microondas para el mostrador.

c. Un sofá cama de estilo moderno para el dormitorio.

d. Una videoconsola, la más barata.

e. Una computadora de escritorio.

7.6 **Lee la conversación en una tienda y contesta las preguntas. Después, escribe una conversación similar en la que quieres comprar uno de los objetos que aparecen en la Actividad 7.5.**

➤ ¡Buenos días! ¿Puedo ayudarle en algo?
▷ Sí, me gustaría ver alguna cosa para regalar.
➤ ¿Para dama o para caballero?
▷ Para caballero. ¿Tiene algún perfume de oferta?
➤ Sí, por supuesto. Tenemos algunos, en ese pasillo de ahí.
▷ ¿Tiene un perfume que se llama "Madera"?
➤ No, no queda ninguno, pero hay algunos muy parecidos.
▷ Bien, me llevo este.
➤ Muy bien. ¿Alguna cosa más?
▷ No, gracias. Nada más. ¿Cuánto es?
➤ Son 368 pesos.

a. ¿En qué tienda están? ....
b. ¿En qué país crees que están? ....
c. ¿A qué crees que huele el perfume? ¿Por qué? ....
d. ¿Cuánto cuesta? Escribe el precio con palabras. ....
e. ¿Cuánto es en dólares? Escríbelo con palabras. ....

Dependiente: ....
Cliente: ....
Dependiente: ....
Cliente: ....
Dependiente: ....
Cliente: ....
Dependiente: ....
Cliente: ....
Dependiente: ....
Cliente: ....

MÁS NÚMEROS

7.7 17 **Escucha los siguientes números y completa los que faltan.**

a. 11.000 .... mil
b. 2.015 .... quince
c. 6.000 .... mil
d. 15.000 .... mil
e. 17.765 .... mil .... y ....
f. 20.000 .... mil
g. 100.000 .... mil
h. 505.677 .... y ....
i. 5.340.999 .... y ....

7.8 **Estas ayudando a un amigo que acaba de comprar muebles para su casa nueva. Necesita que le ayudes a sumar los gastos. Apunta los números de los muebles según te los dicta.**

a. Un sofá dos mil doscientos pesos. ....
b. Un refrigerador cuatro mil quinientos pesos. ....
c. Una cama y un colchón cuatro mil trescientos pesos. ....
d. Una mesa para el salón mil ochocientos pesos. ....
e. Seis sillas, cada silla ochocientos cincuenta pesos. ....
f. ¿Cuánto es en total? .... pesos.
g. ¡Qué caro! No, no voy a comprar la mesa para el salón. (–) ....
h. Tampoco voy a comprar seis sillas, solo dos. (–) ....
i. ¿Cuánto es en total ahora? .... pesos.

7.9 **Lee esta conversación que tiene lugar un una tienda por departamentos. Después, contesta las preguntas.**

Dependiente: ¡Buenas tardes! ¿Quiere algo?
Cliente: Queremos alguna cosa para regalo.
Dependiente: ¿Tiene alguna idea? ¿Algo para vestirse?
Cliente: ¡Uy, no! ¿Tienen algo para decorar la casa?
Dependiente: Sí, allá, al fondo del pasillo en la sección de "hogar". Esta es la sección de regalos.
Cliente: Muchas gracias.

Cliente: Buenas tardes, quería algo para una amiga, algún jarrón o alguna planta para regalarle.
Dependiente: Acá tenemos un jarrón persa del año 800, es una verdadera pieza de coleccionista y solo cuesta 750.000 pesos.
Cliente: Pero, pero… es que… me parece bastante caro.
Dependiente: Si el precio es un problema, podemos dejarlo por 725.000 pesos.
Cliente: No, no, no importa, adiós, hasta otro día, adiós.

a. ¿Cuántas secciones visita el cliente?
b. ¿Para quién es el regalo?
c. ¿Qué ideas tiene para el regalo?
d. ¿De qué año es el jarrón persa? Escríbelo con palabras.
e. ¿Cuánto quita el dependiente del precio original del jarrón? Escríbelo con palabras.
f. ¿Por qué no lo compran?
g. ¿Cuánto cuesta en dólares el jarrón rebajado? ¿Lo comprarías?

1. PRONOMBRES DEMOSTRATIVOS (Textbook pp. 208-209)

ACÁ/AQUÍ - AHÍ - ALLÁ/ALLÍ

- En Latinoamérica, ***acá*** y ***allá*** se usan con más frecuencia que en España (***aquí*** y ***allí***).
- Los pronombres demostrativos son iguales a los adjetivos demostrativos.

Distancia con respecto a quien habla	Singular		Plural		
	Masculino	Femenino	Masculino	Femenino	Neutro
Acá/Aquí (cerca)	**este**	**esta**	**estos**	**estas**	**esto**
Ahí (intermedio)	**ese**	**esa**	**esos**	**esas**	**eso**
Allá/Allí (lejos)	**aquel**	**aquella**	**aquellos**	**aquellas**	**aquello**

- Los pronombres demostrativos neutros (***esto***, ***eso***, ***aquello***) se usan para identificar una cosa que no se conoce o de la que no se quiere hablar de un modo general. No se usan nunca para las personas.
  – *¿Qué es **esto**/**eso**/**aquello**?*
  – ***Esto**/**eso**/**aquello** es un libro de español.*

En la frase 1, ***esa*** es un **adjetivo demostrativo**, que acompaña siempre a un nombre.
En la frase 2, ***esta*** y ***aquella*** son **pronombres demostrativos**, que sustituyen al nombre al que se refieren (en este caso, *carpeta*).

EXPANSIÓN GRAMATICAL: *ESTE* Y *AQUEL*

- ***Este*** y todas sus formas se pueden usar para expresar *the latter.* **Aquel** y todas sus formas se pueden usar para expresar *the former.*
  – *Bernardo y Pepe estudian mucho; **este** (Pepe) estudia para médico y **aquel** (Bernardo) para abogado.*

7.10 Sustituye *este* y *aquel* en lugar del nombre, en las siguientes frases.

a. El bombero y el policía se levantan temprano. El bombero se levanta a las cinco y el policía a las seis. ....
b. Gustavo y Susana salen esta tarde. Gustavo da un paseo y Susana va de visita. ....
c. Mi tío y mi prima participaron en un concierto. Mi tío tocó el piano y mi prima cantó. ....
d. Any y Alberto son atletas. Ana juega al baloncesto y Alberto juega al tenis. ....
e. Mónica y David viajan a Guatemala. Mónica viaja por avión, David por barco. ....

7.11 Completa las conversaciones con el adjetivo o pronombre demostrativo adecuado.

a. En la panadería:

➤ *¿Buenos días, quería una barra de pan.*

▷ *¿Le gusta* (acá) ....?

➤ *No, mire, perdone, mejor* (allá) ...., *que está más cocida.*

b. En la frutería:

➤ *¿A cómo están hoy las manzanas?*

▷ *¿Cuáles? ¿*(Acá) .... *o* (ahí) ....?

➤ (Acá) ...., *que tienen muy buen aspecto.*

▷ (Acá) .... *están un poquito más caras, a 50 pesos el kilo.*

7.12 Lee las frases y responde usando un pronombre demostrativo. Justifica tu respuesta.

Modelo: – Este libro es sobre la historia de Copán. Ese libro es de ciencia ficción. ¿Cuál prefieres?
– Prefiero ese porque me gusta la ciencia-ficción y la historia me aburre.

a. Ese carro es muy bonito y es muy cómodo. Aquel carro no usa mucha gasolina y cuesta mucho menos, pero no tiene aire acondicionado. ¿Cuál prefieres?

....

b. Es muy fácil sacar una "A" en la clase de este profesor. Pero en la clase de ese profesor se aprende mucho. ¿Cuál prefieres?

....

c. Este programa de televisión contiene mucha aventura y acción. Ese programa contiene muchas escenas de amor y es muy dramático. ¿Cuál prefieres?

....

d. Este boleto es para un concierto de rock metálico. Ese boleto es para el ballet. ¿Cuál prefieres?

....

7.13 Describe las cosas que ves cuando abres la puerta de este dormitorio. ¿Cómo son? ¿De qué color, material y tamaño? Usa los adjetivos y pronombres demostrativos para referirte a los objetos.

....

....

....

....

....

....

....

....

2. PRONOMBRES DE OBJETO DIRECTO (Textbook pp. 210-211)

- Los pronombres sustituyen al objeto directo en una frase.

	1.ª persona	2.ª persona	3.ª persona	
			Masculino	Femenino
Singular	me	te	lo	la
Plural	nos	los	los	las

➤ *¿Vas a limpiar **la habitación**?*
▷ *Sí, **la** limpio ahorita.*

➤ *¿Quién tiene **las pinturas**?*
▷ ***Las** tengo yo.*

➤ *¿Ya tienen **el carro**?*
▷ *No, pero **lo** arreglan hoy mismo.*

➤ *¿Cuándo escuchas **las noticias**?*
▷ ***Las** escucho todas las noches en la tele.*

- En español, el objeto directo va introducido por la preposición *a* cuando indica un nombre de persona o animal.

➤ *¿Ves **a los niños** desde aquí?*
▷ *Pues, no, la verdad es que no **los** veo.*

7.14 18 **Escucha las siguientes conversaciones y señala de qué están hablando.**

Diálogo 1
a. ☐ un proyector
b. ☐ una cámara de video

Diálogo 2
a. ☐ un cepillo de dientes
b. ☐ una colonia

Diálogo 3
a. ☐ unas revistas
b. ☐ unos periódicos
c. ☐ unos libros

Diálogo 4
a. ☐ unas papas
b. ☐ unas plantas
c. ☐ unos tomates

7.15 **Escribe oraciones con las siguientes palabras utilizando el pronombre de objeto directo (*lo, la, los, las*) que corresponda y conjugando el verbo en presente y en tercera persona.**

Modelo: piano, tocar, conservatorio ➜ El piano lo toca en el conservatorio.

a. compra, tener, coche ➜ ....
b. billetes, comprar, Internet ➜ ....
c. compras, hacer, supermercado ➜ ....
d. perro, sacar, parque ➜ ....
e. boletos, recoger, aeropuerto ➜ ....
f. piezas, tener, mesa ➜ ....

7.16 Completa con el pronombre de objeto directo (*me, te, la, lo, las, los, nos, los*) adecuado.

a. ➤ ¿Dónde tienes las llaves? ▷ .... tengo en el bolso.
b. ➤ ¿Me quieres? ▷ Sí, de verdad, ... quiero muchísimo.
c. ➤ ¿Compras hoy los boletos? ▷ Sí, ... compro al venir de la escuela.
d. ➤ ¿Nos llevas a clase en el carro, por favor? ▷ Sí, claro, ... llevo ahora mismo.
e. ➤ ¿Ves a tus vecinos desde la ventana? ▷ Sí, ... veo y hablo con ellos.
f. ➤ ¿Qué dice el radio? ▷ No sé, no .... oigo.
g. ➤ ¿Estudias vocabulario todos los días? ▷ No, no .... estudio todos los días, no tengo tiempo.

7.17 Lee esta receta de cocina. Vuelve a escribirla sustituyendo los nombres por pronombres de objeto directo, cuando sea posible.

¡HOY COCINO YO!

•••➤ Macarrones con aceitunas y atún. Siempre preparo este plato para mis amigos y ellos siempre piden este plato porque es muy, pero que muy, bueno.

Salsa

Pelamos una o dos cebollas. Cortamos la cebolla y ponemos la cebolla en una cazuela con aceite. Abro una lata de atún y añado el atún a la cazuela. Abro una lata de aceitunas y pongo las aceitunas en la cazuela. Tapo la cazuela con una tapadera. A fuego lento, añado tomate.

Macarrones

Pongo una cazuela con agua al fuego. Cuando el agua está hirviendo, añado los macarrones. Muevo los macarrones. Cuando están cocidos los macarrones, saco los macarrones y pongo los macarrones en una fuente.

Sirvo los macarrones con la salsa y un poquito de romero. ¡Qué buenos!

Modelo: ¡Hoy cocino yo! Macarrones con aceitunas y atún. Siempre preparo este plato para mis amigos y ellos siempre lo piden cuando vienen a mi casa porque es muy, pero que muy, bueno...

....

....

....

....

....

....

....

....

....

D. DESTREZAS

LECTURA

■ Antes de leer

7.18 **Observa la imagen. ¿En qué ocasiones haces o recibes regalos?**

READING STRATEGY: PREDICTING CONTENT

Sometimes, the title of a reading or visuals that accompany it will trigger personal associations with the topic that allow you to think ahead about the information that will likely be discussed in the passage. Predicting the content of readings will allow you to anticipate new vocabulary you encounter in Spanish.

■ Leer

7.19 **Aquí tienes varios acontecimientos que pueden ser motivo para hacer o recibir regalos. Lee los textos y elige de la lista los acontecimientos que se describen.**

el cumpleaños • el santo • los Reyes Magos • San Valentín • el ratoncito Pérez • el Día de Muertos • el aniversario de bodas

¡FELICIDADES!

➜ ....

Se celebra esta fiesta el día 2 de noviembre y tiene por objeto recordar a los familiares y amigos que han fallecido. Es una celebración doble. Además de visitar el panteón para pasar allá el día con sus difuntos, dentro de la casa se suele preparar un altar, cuyo centro lo ocupa una fotografía del difunto y, alrededor, las pertenencias más queridas del difunto junto a su plato favorito, todo ello adornado con flores y algunos platillos y dulces propios de estas fiestas, como el pan de muerto o las calaveras de azúcar, sin olvidar las veladoras y velas encendidas que reciben el alma del muerto que decide en este día visitar su casa. Es una celebración en que se funden los ritos de los pueblos prehispánicos con el cristianismo introducido por los españoles.

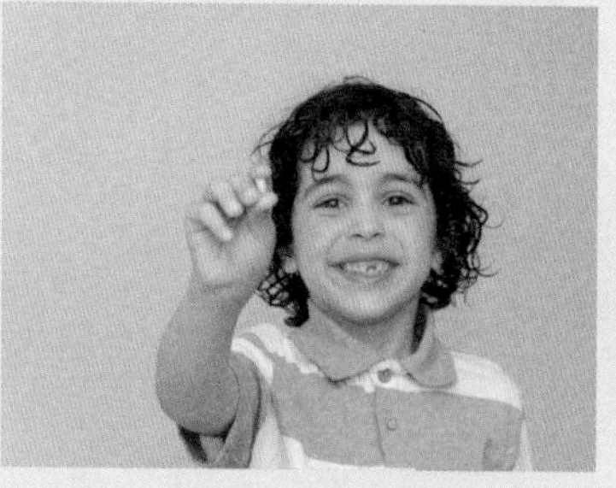

➜ ....

Es un personaje infantil que se identifica con la caída de los dientes en los niños. Cuando un niño pierde un diente, los padres le regalan dinero. Pero lo normal es esperar a la noche, cuando el ratoncito toma nuestro diente y nos deja dinero.

••➤ ....

Se celebra el día 14 de febrero y es el día que dedicamos a la persona que amamos. Es costumbre regalar cosas personales o flores, especialmente a las muchachas. Por influencia de otros países, cada vez es más común recibir tarjetas con pequeños textos románticos de sus enamorados.

••➤ ....

Es la fiesta del aniversario del nacimiento de una persona. Ese día se celebra con la familia y los amigos. Los niños lo celebran normalmente con una merienda para los invitados, juegos y, por supuesto, la tradicional tarta con velas. Normalmente te tiran de las orejas el número de veces de tu aniversario.

••➤ ....

Es el día dedicado a Melchor, Gaspar y Baltasar: los tres hombres que visitaron a Jesús poco después de su nacimiento y dejaron como regalos oro, incienso y mirra. Se celebra el 6 de enero y es una fecha donde los niños y mayores reciben regalos que los Reyes dejan junto a sus zapatos.

■ Después de leer

7.20 Contesta verdadero (V) o falso (F) según el texto.

	V	F
a. En los cumpleaños es común tirar de las orejas al protagonista de la celebración tantas veces como años cumple.	☐	☐
b. Los Reyes Magos acostumbran a dejar los regalos junto a los zapatos de la persona que los recibe.	☐	☐
c. En San Valentín es típico enviar por correo una tarjeta anónima a la persona que amas.	☐	☐
d. El ratoncito Pérez premia a los niños por su diente dejando dinero debajo de la almohada.	☐	☐
e. En el Día de Muertos los familiares ofrecen a sus muertos aquellas cosas que más apreciaron en vida.	☐	☐

ESCRITURA

■ Antes de escribir

7.21 Lee la siguiente información cultural y compárala con tu país de origen o con las costumbres de Estados Unidos.

WRITING STRATEGY: USING MODELS

Using models can guide you through the writing process when approaching a writing task. The cultural note about Mexico and Latin America can serve as a model when you write your own note.

D. DESTREZAS

COSTUMBRES SOCIALES

••➤ Los regalos se reciben haciendo muchos aspavientos: *¿Por qué te molestaste?, No tenías que haberme regalado nada, es precioso...* Cuando unos amigos se casan, podemos hacer un regalo personal o darles dinero en un sobre; también se hacen listas de bodas en algunos grandes almacenes y se elige un regalo entre los que ya habían elegido los novios.

Normalmente, al ir a visitar a un enfermo al hospital, llevamos algo: bombones, flores, un libro...

A los familiares solemos regalarles ropa o colonia. Cuando alguien nos invita a cenar, en general, llevamos el postre, o si nos insisten en que no llevemos nada, una planta o un ramo de flores.

■ Escribir

7.22 **Escribe una nota sobre tu propio país y las costumbres que hay al dar y recibir regalos. ¿En qué ocasiones se dan y para quién? ¿Qué tipo de regalo se da? ¿Qué se dice? Añade ejemplos para apoyar la información que presentas.**

....

....

....

....

....

....

....

....

■ Después de escribir

7.23 **Revisa los siguientes aspectos de tu descripción:**

- Ortografía: las tildes.
- Precisión gramatical: la concordancia en género y número, y la estructura de las oraciones.
- Coherencia de ideas y organización de la información.
- Puntuación.

DISCURSO

ORAL PRESENTATION STRATEGY

Prepare the structure of the talk carefully and logically, just as you would for a written report. Follow your interests and choose a scenario that is interesting to you. What are the objectives of the talk? What are the main points you want to make? Make a list of these two things as your starting point.

7.24 **¿Qué crees que celebran estas dos muchachas? Habla de la relación entre ellas, la ocasión que celebran, cómo y dónde lo celebran, etc. Incluye algunos ejemplos de lo que dicen.**

FONÉTICA Y ORTOGRAFÍA

Las sílabas y el acento

Las sílabas

- Se llama *sílaba* a cada una de las partes en las que se divide una palabra y que se pronuncia con un solo golpe de voz:

co-sa	*me-sa*	*li-bro*	*sig-ni-fi-ca-do*
es-pal-da	*ó-pe-ra*	*le-tra*	*gua-po*
ca-lle	*man-tel*	*tem-plo*	*ciu-dad*

7.25 19 **Escucha y separa en sílabas las siguientes palabras.**

a. abuela: ....
b. cuadro: ....
c. árbol: ....
d. ratón: ....
e. instituto: ....
f. bolígrafo: ....
g. goma: ....
h. jarrón: ....
i. España: ....

El acento

- Todas las palabras tienen una sílaba que se pronuncia con más fuerza que el resto. Esta sílaba se llama ***sílaba tónica***: ***pe***-*rro*, ***ca***-*sa*, *ar*-***ma***-*rio*, *ma*-***le***-*ta*, etc.
- En algunos casos es necesario marcar la sílaba tónica con un acento gráfico, que en español se llama ***tilde***: *ra*-***tón***, ***plá***-*ta-no*, etc.

7.26 20 **Escribe las palabras que oyes y subraya la sílaba tónica de cada palabra.**

a. ....
b. ....
c. ....
d. ....
e. ....
f. ....
g. ....
h. ....
i. ....

GUÍA DE VIAJE A SALAMANCA Y LIMA

7.27 **¿Conoces estas ciudades? Una es la capital del Perú y en la otra está la universidad más antigua de España. ¿Sabes cómo se llaman? ¿Cómo son? Escribe una frase de presentación de cada una de ellas. Puedes utilizar las siguientes palabras.**

LIMA →

moderna • antigua
atractiva • histórica
tranquila • abierta
cálida

← SALAMANCA

7.28 **Lee la guía de viaje de estas dos ciudades, subraya en el texto la información relacionada con las fotografías y decide qué fotos corresponden a cada texto.**

Lima

→ Es una gran metrópoli con cerca de 9 millones de habitantes, capital de la República del Perú. La Unesco declara en 1988 su centro histórico y el Convento de San Francisco "Patrimonio Cultural de la Humanidad". El Rímac es el centro urbano ubicado en la orilla norte del río Rímac. Allá pueden ver bellas construcciones coloniales, el Museo Larco, el Museo Nacional de Antropología, Arqueología e Historia y el Museo del Oro del Perú, que guardan las más ricas colecciones de todo el pasado peruano.

También está en el centro la famosa Plaza de Toros de Acho. Desde allá pueden ascender al cerro San Cristóbal y tener una excelente vista de todo Lima. San Isidro y Miraflores son dos modernos y cosmopolitas distritos de Lima que concentran la mayoría de los mejores establecimientos hoteleros, restaurantes, centros comerciales, centros de espectáculos, y el sistema bancario y empresarial. El Barranco es el distrito de Lima que por las noches ofrece grandes espectáculos culturales y de diversión.

a.

b.

c.

d.

Salamanca

→ Es una pequeña ciudad con 160.000 habitantes situada al oeste de España, a 208 kilómetros de Madrid. Ciudad universitaria, en 1988 la Unesco la declara ciudad "Patrimonio de la Humanidad". Entre su patrimonio monumental destacan: sus dos catedrales, la Plaza Mayor, sus conventos, iglesias, la Casa de las Conchas, La Clerecía, la Universidad de Salamanca, el Museo de Art Nouveau y Art Déco Casa Lis, el Palacio de Anaya, el Palacio de Monterrey, la Plaza del Corrillo y el Puente romano. Si desean pasar un día en plena naturaleza, pueden pasear por el Parque de los Jesuitas, el romántico Huerto de Calixto y Melibea, el Parque de San Francisco, el Parque de La Alamedilla y el Parque de La Aldehuela. El centro de la ciudad concentra la mayoría de las actividades culturales y de diversión de la ciudad.

E. CULTURA

7.29 Contesta estas preguntas sobre los textos anteriores. Justifica tu respuesta con la información del texto.

a. ¿Qué tienen en común las dos ciudades?

....

b. ¿Cuál es la diferencia más importante entre ellas?

....

c. Si estamos en Lima, ¿dónde podemos ir de compras?

....

d. ¿En cuál de las dos ciudades pueden encontrar restos arqueológicos?

....

e. Si queremos dar un paseo romántico, ¿dónde tenemos que ir?

....

7.30 21 Escucha a dos personas de Salamanca y Lima hablando de lugares especiales de sus ciudades y di si son verdaderas (V) o falsas (F) las siguientes afirmaciones.

	V	F
a. En el Parque del Amor en Lima hay una escultura de unos niños jugando.	☐	☐
b. Tenochtitlan es, en la actualidad, una excavación arqueológica con impresionantes pirámides del año 250 d.C. que está en Lima.	☐	☐
c. En el Convento de San Francisco hay unas catacumbas que puedes visitar con restos humanos conservados en perfecto estado.	☐	☐
d. La Plaza de Anaya está cerca de la catedral.	☐	☐
e. La Plaza Mayor de Salamanca es de estilo gótico.	☐	☐

7.31 Estos viajeros cuentan su experiencia en las dos ciudades en un foro de Internet. Completalas con las palabras que aparecen a continuación. Hay más de una opción para algunas de ellas.

- impresionante
- inolvidable
- magnífica
- increíble
- fascinantes
- riquísima
- maravillosa
- bonitas
- precioso

"Es una ciudad (a) .... para vivir. Sus monumentos son (b) ...., su comida (c) .... y su gente (d) .... Si no visitas Salamanca, te pierdes una de las maravillas del mundo".

"El Parque Reserva en Lima es (e) .... Es un parque (f) ...., las fuentes son muy (g) .... y el espectáculo de luces es realmente (h) ...., casi (i) .... Definitivamente, el Parque Reserva es un lugar obligado en Lima".

7.32 Vives en Salamanca o en Lima y tus amigos van a venir a visitarte. ¿Qué lugares de los que conoces les recomiendas para visitar? ¿Por qué? Escríbeles en tu cuaderno un correo electrónico con una recomendación para el primer día.

UNIDAD **8**

¿QUÉ TIEMPO VA A HACER?

A. VOCABULARIO

EL TIEMPO ATMOSFÉRICO Y LAS ESTACIONES DEL AÑO (Textbook pp. 230-231)

8.1 **Completa las frases con el verbo correcto para hablar del tiempo atmosférico.**

a. .... tormenta.

b. .... sol.

c. .... viento/aire.

d. .... mal tiempo.

e. .... calor.

f. .... nublado.

g. .... frío.

8.2 **Fíjate en este mapa y di el tiempo que hace en las diferentes comunidades de España.**

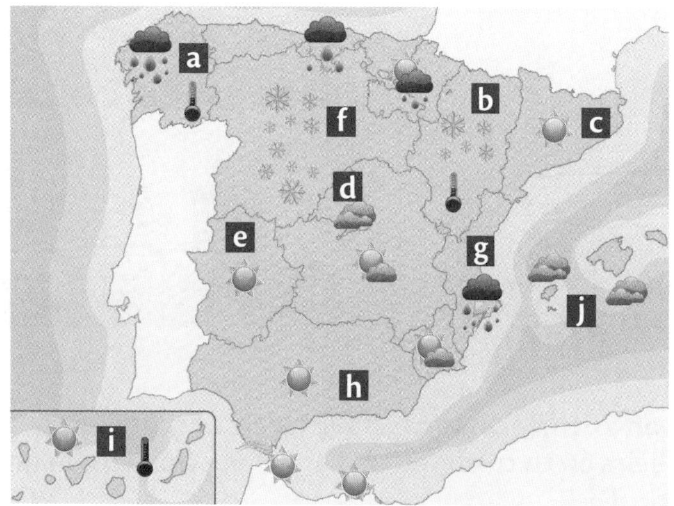

a. En Galicia ....llueve y hace mucho frío.....................

b. En Aragón ....

c. En Cataluña ....

d. En Madrid ....

e. En Extremadura ....

f. En Castilla y León ....

g. En Valencia ....

h. En Andalucía ....

i. En Canarias ....

j. En Baleares ....

8.3 22 **Ahora vas a escuchar a un uruguayo explicar el clima de su país. Completa la información.**

a. El clima de Uruguay es ....

b. En verano la temperatura es de ....

c. Los meses de verano son ....

d. En invierno la temperatura es de ....

e. Los meses de invierno son ....

f. La primavera es ....

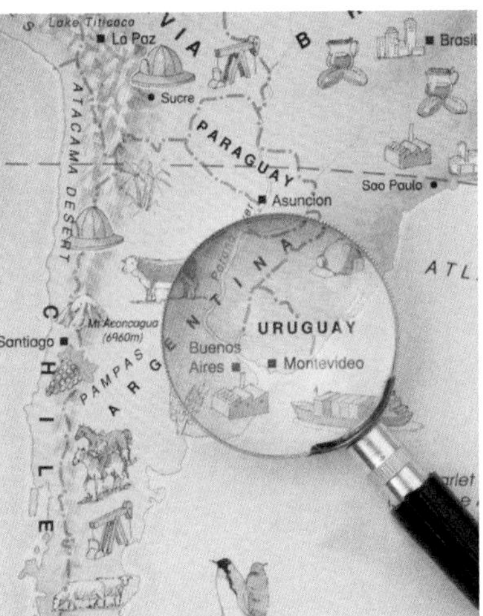

8.4 **Identifica las estaciones del año, asócialas con palabras significativas para ti y explica el porqué.**

a. Es ....
Yo asocio el .... con chocolate caliente
y con .... porque ....
....
....

b. Es ....
....
....
....
....

c. Es ....
....
....
....
....

d. Es ....
....
....
....
....

B. AMPLIACIÓN DE VOCABULARIO

HABLAR DEL CLIMA

8.5 **Coloca las palabras del recuadro en la columna que corresponda.**

nieva • está • frío (2) • cielo • templado • despejado • lluvia • hace • nieve • temperatura • relámpago • llueve • seco • caluroso • calor • nublado • hay • es • niebla • húmedo •

Verbos	Nombres	Adjetivos

8.6 **Coloca el artículo (*el*/*la*) delante de los siguientes nombres.**

a. .... aire
b. .... viento
c. .... sol
d. .... calor
e. .... lluvia
f. .... frío
g. .... niebla
h. .... cielo
i. .... nieve
j. .... nube

8.7 **Coloca el artículo (*el*/*la*) delante de los siguientes nombres.**

a. frío ➡ ....
b. sol ➡ ....
c. humedad ➡ ....
d. nube ➡ ....
e. calor ➡ ....
f. viento ➡ ....

8.8 **Forma frases uniendo los elementos de las columnas para describir el tiempo en México.**

El clima en Mazatlán			bueno	....
En invierno las noches	llueve		húmedo	....
En el oeste el tiempo	hace		frío	....
En las regiones elevadas	son	muy	mal tiempo	....
Hoy	es	mucho	malo	....
En otoño	nieva	ø	frías	....
El sureste			calor	....
En la Sierra de Chihuahua no			ø	....

Recuerda:
- Usamos ***muy*** delante de adjetivos y adverbios.
  – *El tiempo en Alaska es **muy frío**.*
- Usamos ***mucho*** después de verbos.
  –*En España, en primavera, **llueve mucho**.*
- Usamos ***mucho***, ***mucha***, ***muchos***, ***muchas*** delante de nombres.
  –*En invierno hay **mucha nieve** en las montañas.*

8.9 **¿Conoces estos refranes? Explica en español lo que quieren decir. ¿Hay algunos parecidos en inglés?**

a. Primavera seca, verano lluvioso y otoño desastroso. ....
b. Enero loco y marzo otro poco. ....
c. Dame abril y mayo y quédate con todo el año. ....
d. Al mal tiempo buena cara. ....
e. Agua de mayo, vale para todo el año. ....
f. Abril que truena, anuncia cosecha buena. ....

1. *IR + A +* INFINITIVO (Textbook pp. 232-234)

- La estructura ***ir*** + ***a*** + **infinitivo** sirve para expresar planes o intenciones de futuro inmediato:
  - *Este fin de semana **voy a salir** al campo, para relajarme.*
  - *Mañana **vamos a comer** a un restaurante para celebrar el cumpleaños de mi madre.*
- Cuando en la estructura ***ir*** + ***a*** + **infinitivo** el infinitivo es un verbo reflexivo, el pronombre reflexivo puede ir antes del verbo conjugado o después del infinitivo formando una única palabra:
  - ***Me voy** a duchar ahora. / Voy a **ducharme** ahora.*
- Normalmente la acompañamos de las siguientes marcas temporales de futuro:
  - *hoy en la tarde*
  - *hoy en la noche*
  - *este fin de semana*
  - *este verano*
  - *la próxima semana*
  - *el mes que viene*
  - *mañana*
  - *dentro de* + cantidad de tiempo

– ***Hoy en la noche** voy a ver a Pedro.*
– ***Pasado mañana** vamos a empezar el trabajo.*
– ***Dentro de dos días** voy a viajar a Seattle para visitar a Javier.*
– *¿Vas a comprarte el carro **este año**?*
– *Sara no va a venir a trabajar **hoy**.*

EXPANSIÓN GRAMATICAL: *PENSAR* + INFINITIVO

Otra forma para hablar de tus intenciones, planes y proyectos para el futuro es la estructura ***pensar*** + **infinitivo**.
– *El día treinta y uno **pienso ir** a una fiesta.*

Recuerda: Los verbos ***ir*** y ***pensar*** son irregulares en presente.

	IR	PENSAR
Yo	**voy**	p**ie**nso
Tú	**vas**	p**ie**nsas
Él/ella/usted	**va**	p**ie**nsa
Nosotros/as	**vamos**	pensamos
Vosotros/as	**vais**	pensáis
Ellos/ellas/ustedes	**van**	p**ie**nsan

8.10 Completa las siguientes frases con la estructura *ir a* más uno de los infinitivos del recuadro.

celebrar • relajarse • rentar • jugar • ir • cenar • viajar • comprar

a. Este fin de semana .... (nosotros) a casa de Ana.
b. Dentro de unos días .... (yo) mi fiesta de cumpleaños.
c. Mañana Marta y Marcos .... el regalo de cumpleaños de su hermano.
d. La próxima semana .... (nosotros) a Lima. ¿Vienes?
e. ¿Es verdad que este verano .... (ustedes) una casa en la playa?
f. ¡Qué hambre tengo! ¿ .... (nosotros) al restaurante chino de la esquina?
g. El próximo fin de semana, Estela .... (relajarse) en la playa.
h. Dentro de un rato los niños .... en el parque.

8.11 **¿Qué planes tienen estas personas para el próximo fin de semana?**

a. Juanjo y Daida ....

b. Mercedes ....

c. Ustedes ....

d. Mis compañeros de clase y yo ....

e. La familia ....

f. Tú ....

8.12 **Aquí tienes unas hojas de la agenda de Juan. Describe lo que va a hacer Juan el fin de semana que viene. Usa una variedad de expresiones para indicar sus planes.**

Viernes	Sábado	Domingo
• De 10:30 a 12:00h, clase de inglés • A las 17:00h, partido de futbol • Cumpleaños de Pepe	• Limpieza en casa y la compra • Comida con la familia • A las 22:30h, teatro *(Pancho Villa y los niños de la bola)*	• Tareas • A las 21:00h, cena con Martha

....

8.13 **Explica por escrito tus planes para este fin de semana, dentro de dos días, el próximo verano...**

....

2. *HAY QUE, TENER QUE Y DEBER* + INFINITIVO (Textbook pp. 235-237)

- Todas estas estructuras expresan **obligación**.

Tener que + infinitivo

- Utilizamos esta estructura cuando queremos expresar una obligación inexcusable o recomendar algo enfáticamente.
  - *No puedo acompañarte, porque* ***tengo que ir*** *al médico.*
  - *Sale de casa a las siete, porque a las ocho* ***tiene que tomar*** *el tren.*

Deber + infinitivo

- Sentimos la obligación, pero no es inexcusable. Usamos esta estructura también para dar consejo.
  - ***Debo estudiar****, pero no tengo ganas.*
  - ***Debes comer*** *menos.*

Hay que + infinitivo

- Expresamos una obligación impersonal, generalizada.
  - *Para viajar allá* ***hay que tener*** *un visado.*
  - ***Hay que apretar*** *este botón para apagar la computadora.*

Expansión gramatical: *Querer, poder* + infinitivo

- ***Querer, poder*** + **infinitivo** son dos estructuras que se usan normalmente para hacer proposiciones.
  - *¿Quieres venir esta tarde conmigo a la piscina?*
  - *¿Pueden cenar con nosotros el sábado por la noche?*
- Recuerda que, en español, cuando no aceptamos una proposición, es muy importante explicar el motivo y/o proponer otro día u otra oferta para atenuar el rechazo. Si no, el rechazo puede entenderse como una ofensa.
- Para responder negativamente justificando la respuesta usamos formas como:
  No, lo siento, ***es que****...*
  No, lo siento, ***no podemos porque****...*
  ➤ *¿Puedes cenar con Martha el viernes?*
  ▷ *No, lo siento,* ***es que*** *el viernes tengo que ir a un cumpleaños.*
  ▷ *No, lo siento,* ***no puedo porque*** *el viernes tengo un cumpleaños.*

8.14 Vuelve a mirar la agenda de Juan en la actividad 8.12 y contesta las preguntas. Justifica tu respuesta.

a. ¿Puede el sábado en la noche ir al cine? ....

b ¿Puede el domingo en la mañana jugar futbol? ....

c. ¿Puede el viernes en la mañana ir de compras? ....

d. ¿Puede el sábado en la noche visitar a sus papás? ....

e. ¿Puede el domingo en la mañana ir al Museo de Arte Moderno? ....

8.15 **Rechaza las siguientes proposiciones explicando el motivo.**

Modelo: *¿levantarse / a qué / hora?* → ¿A qué hora te levantas?

a. ¿Quieres venir el viernes en la tarde a jugar un partido de basquetbol? ....

b. ¿Puedes comer el domingo con mi familia? ....

c. ¿Puedes venir el sábado de compras con nosotros? ....

d. ¿Quieres venir a mi casa el domingo en la tarde para estudiar? ....

8.16 **Escribe, usando las tres estructuras de obligación, qué es necesario hacer para:**

Ganar mucho dinero en poco tiempo.

....
....
....
....

Olvidar pronto un amor.

....
....
....
....

Aprender bien un idioma.

....
....
....
....

Conseguir un buen trabajo.

....
....
....
....

8.17 **Carmen y Pedro parece que tienen problemas y no se ponen de acuerdo. Escribe la forma correcta de los verbos.**

Carmen: ¿(a) .... (Ir, nosotros) al cine hoy en la tarde con los niños?

Pedro: Uy, yo hoy no (b) .... (pensar) moverme de casa, estoy muy cansado.

Carmen: Hay que ir de compras mañana sábado.

Pedro: ¿Mañana? ¿(c) .... (Nosotros, tener) que ir de compras mañana? Imposible, mañana (d) .... (ir, yo) a ir con Pablo, mi compañero de trabajo a la oficina, (e) .... (nosotros, tener) que revisar unos papeles para la reunión del lunes.

Carmen: Pedro, ¿qué (f) .... (pensar, tú) hacer el domingo? (g) .... (Preferir, yo) preguntarte antes porque mis planes y proyectos no te gustan.

Pedro: Perdona, Carmen, es verdad que el sábado estoy ocupado. Mira, el domingo si quieres, (h) .... (poder, nosotros) ir al cine o si prefieres (i) .... (ir, nosotros) hasta el centro y vemos algún museo, ¿sí?

Carmen: Bueno, muy bien; el domingo vamos a...

8.18 **¿Qué piensas que van a hacer el domingo Carmen y Pedro? Escribe libremente unos posibles planes (desde la mañana a la noche).**

a. El domingo por la mañana ....
b. Después ....
c. Más tarde ....
d. Van a comer en ....
e. Por la tarde ....
f. Luego ....
g. Sobre las nueve de la noche ....

8.19 **Clasifica las siguientes frases en su lugar correspondiente según su uso.**

a. Tengo que trabajar toda la noche.
b. Hay que estar en el aeropuerto una hora antes del vuelo.
c. Voy a levantarme temprano el próximo sábado.
d. Luis tiene que pintar la casa antes del traslado.
e. ¿Hay que limpiar toda la casa?
f. Ustedes tienen que cuidar a su mama, está muy cansada últimamente.
g. Vamos a comprar los boletos del viaje hoy en la tarde.
h. ¿A qué hora vas a llegar?
i. ¿Qué hay que hacer?

Planes y proyectos	Obligación o recomendación	Obligación impersonal

8.20 **Elige la opción más adecuada a la situación.**

1. En la agencia de viajes.
   ➤ Acá tiene el boleto de avión, señora. Su vuelo sale a las 19:00 h, el domingo día 7 de diciembre.
   ⊳ ¿A qué hora es necesario estar en el aeropuerto?
   ➤ ☐ **a.** En el aeropuerto va a estar a las 18:00 horas.
   ☐ **b.** En el aeropuerto piensa estar a las 18:00 horas.
   ☐ **c.** En el aeropuerto hay que estar a las 18:00 horas.

2. Los exámenes finales de la universidad.
   ➤ Juan, ponen la última película de Guillermo del Toro en los Multicinemas.
   ⊳ No puedo, Carlos. El examen de Anatomía es la próxima semana.
   ➤ Anda, vamos, ¿sí?
   ⊳ No, no y no, ☐ **a.** tengo que estudiar todo el fin de semana.
   ☐ **b.** pienso estudiar todo el fin de semana.
   ☐ **c.** hay que estudiar todo el fin de semana.

3. Planes para el invierno.
   ➤ Este invierno…
   ⊳ ¿Qué pasa este invierno?
   ➤ Este invierno voy a cumplir el sueño de mi vida.
   ⊳ ¿Sí?
   ➤ Este invierno, ☐ **a.** tengo que hacer un crucero por el Caribe.
   ☐ **b.** debo hacer un crucero por el Caribe.
   ☐ **c.** pienso hacer un crucero por el Caribe.

4. La abuela Ángeles habla con su nieto Daniel.

➤ Daniel, ¿qué tal la prepa?

⊳ Buf, regular, abuela. La profesora nos da muchas tareas y, además, es muy antipática.

➤ Bueno, bueno, Daniel, qué exagerado.

⊳ No abuela, de verdad, es muy seria.

➤ Daniel, lo que pasa es que, ☐ **a.** hay que estudiar más.
☐ **b.** debes estudiar más.
☐ **c.** piensas estudiar más.

5. Mañana es el cumpleaños de Isabel.

➤ Lola, ¿qué le compramos a Isabel por su cumpleaños?

⊳ No sé, no tengo ni idea.

➤ ¿Le compramos el último libro de Mario Vargas Llosa?

⊳ ¿Ya está en la librería?

➤ No sé, ☐ **a.** voy a acercarme a ver si lo tienen.
☐ **b.** tengo que acercarme a ver si lo tienen.
☐ **c.** debo acercarme a ver si lo tienen.

8.21 Lee el siguiente texto y subraya todas las estructuras de obligación que aparecen.

CONOCE CUERNAVACA Y A LOS CUERNAVAQUENSES

Si quieres conocer bien a los cuernavaquenses, tienes que salir mucho, porque la gente de Cuernavaca pasa bastante tiempo en la calle.

Puedes desplazarte andando por el centro histórico o en el transporte público llamado *ruta*. Cuernavaca tiene muchos lugares por conocer. La ciudad se encuentra de fiesta a menudo, porque la mayoría de la población es joven.

Para conocer a los cuernavaquenses hay que visitar el centro histórico, debes comer una cecina con queso, crema y salsa picante, pasear por sus sitios históricos, comer una botana y sobre todo, tienes que escuchar a las 7:00h de la tarde a la banda de música de la ciudad en el Kiosco del Jardín.

Durante los fines de semana la alegría aumenta, puedes conocer gente de todas partes del mundo que visita la ciudad, debes ir a sus locales que se encuentran en la Plazuela del Zacate, donde se tocan los éxitos más sonados del momento.

Cuernavaca tiene un poco de todo para satisfacer el gusto de los visitantes.

8.22 Escribe tus ideas y dinos qué cosas hay que hacer para conocer bien a la gente de tu ciudad.

....

....

....

....

LECTURA

■ Antes de leer

8.23 Lee el título del artículo y piensa en tus propios planes para el futuro. A la hora elegir carrera, ¿qué aspectos consideras importantes? ¿Crees que es necesario consultar a un consejero profesional para tomar esta decisión? ¿Por qué?

Cómo escoger carrera, una preocupación de los jóvenes

Reading Strategy: Predicting content

The title of a reading often serves as an advance organizer to help you personalize the theme and think ahead about the information that will likely be discussed in the passage. Think about how the topic relates to your own experiences, thus beginning to compare and contrast opinions.

■ Leer

8.24 Lee el texto.

Cómo escoger carrera, una preocupación de los jóvenes

El 70% de los estudiantes de Colombia entra a la universidad sin una adecuada orientación vocacional. Se matriculan porque a esa universidad entraron los amigos, o porque los papás les dijeron qué estudiar y solo les pagan estudios en una determinada carrera, o porque la universidad es muy bonita, tiene prestigio y con su título es más fácil conseguir trabajo.

Según la psicóloga María del Pilar Perdomo, antes de escoger carrera se deben tener en cuenta dos cuestiones: una son los aspectos individuales del estudiante y, otra, los elementos sociales y del entorno.

Los orientadores profesionales pueden ayudar a tomar estas decisiones.

En cuanto a los aspectos individuales, son los gustos e intereses del estudiante y si estos son compatibles con nuestras habilidades, conocimientos y potencialidades, es decir, con lo que somos capaces de hacer. En esta parte suelen ayudar los colegios y sus psicólogos que dan algunas claves de conocimiento a los estudiantes.

Pero también es el propio estudiante el que debe revisar con qué materias se sentía más seguro y motivado en la escuela secundaria, porque eso le dará una pista de la inclinación profesional más conveniente.

"Para tomar una decisión de carrera, el joven debe conocerse muy bien, identificar sus habilidades, sus aptitudes, su personalidad, ver qué le entusiasma, qué es lo que más le motiva", agrega Myriam Orozco, orientadora de la Universidad Autónoma.

Lo segundo que debe analizarse son los aspectos sociales y del entorno. Casi todos los jóvenes quieren entrar a la universidad, muchas veces porque no conocen que hay ofertas de estudios técnicos y tecnológicos que en muchos casos tienen mejores posibilidades laborales que una carrera universitaria. Myriam afirma que los jóvenes deben informarse de las salidas profesionales, que tienen los estudios que van a elegir, pero en ningún caso debe ser esta la primera motivación, ya que el mercado laboral es muy variable.

También es necesario que el joven y su familia conozcan programas de becas y créditos que ofrecen las universidades, el Estado y algunas entidades privadas que financian los estudios superiores. Existen becas para estudiantes de escasos recursos y alto rendimiento que financian entre el 25% y el 100% de los costes.

Adaptado de "Cómo escoger carrera, una preocupación de los jóvenes". *El País*

■ Después de leer

8.25 **Contesta las preguntas.**

a. ¿Cuáles son los principales motivos, según el texto, para elegir la carrera entre los jóvenes colombianos?
b. ¿Qué reflexión personal deben hacer los jóvenes antes de decidir su carrera?
c. Di cuáles son todos los aspectos, dentro de los personales y de los sociales y el entorno, que hay que tener en cuenta para elegir una carrera, según las expertas.
d. Según el texto, ¿quién puede ayudar a los jóvenes a tomar la decisión adecuada?
e. Según el texto, ¿es muy importante conocer las salidas profesionales de las carreras? ¿Por qué?
f. ¿Por qué los jóvenes colombianos eligen más las carreras universitarias que las técnicas? ¿Es así entre tus amigos también?
g. Las personas que no tienen mucho dinero, según el texto, ¿qué opciones tienen para seguir sus estudios?
h. En tu opinión, ¿cuál crees que es el aspecto más importante para elegir una carrera?

ESCRITURA

■ Antes de escribir

8.26 **Escoge una de las siguientes fotografías. ¿Qué planes tienen estas personas? ¿Qué deseos para el futuro? ¿Qué deben hacer para conseguirlo?**

WRITING STRATEGY: ORGANIZING YOUR IDEAS INTO CLUSTERS

Group ideas that are closely. For example, create a cluster of ideas relating to work, those relating to family in another, free time, etc. Then take a moment to review the cluster, edit the cluster, and draw conclusions.

■ Escribir

8.27 **Escribe tu ensayo. Sé creativo/a.**

■ Después de escribir

8.28 **Revisa los siguientes aspectos de tu ensayo.**

- Ortografía: las palabras escritas con tilde.
- Precisión gramatical: uso de las estructuras para expresar planes, proyectos y recomendaciones.
- Coherencia de ideas y organización de la información.
- Puntuación.

DISCURSO

Oral Presentation Strategy

Think of interesting ways to present your material. This should be a fun experience. Be creative. Prepare ahead of time the expressions and additional vocabulary you will need, then practice what you are going to say and how you want to say it to make your presentation more lively.

8.29 Acabas de recibir este correo electrónico de tu amigo de Uruguay. Llámalo por teléfono y dale la información que te pide.

¡Hola! ¿Cómo estás?

La próxima semana quiero ir a Estados Unidos a verte. Tengo muchas ganas de ir para conocer dónde vives, pasear por las calles, ver museos y visitar zonas turísticas. Pero tengo una pregunta: ¿qué tiempo hace ahí? Escríbeme pronto y cuéntame también lo que vamos a hacer, porque tengo que hacer la maleta y no sé qué ropa llevar.

Nos vemos pronto,

Carlos

FONÉTICA Y ORTOGRAFÍA

La tilde diacrítica

- Los monosílabos son palabras formadas por una sola sílaba. En general, no llevan tilde: *pan*, *luz*, etc.
- La tilde diacrítica se usa para diferenciar los monosílabos que tienen el mismo sonido, pero diferente significado o función.

Con tilde

- **él** ➜ pronombre personal
  – *Tengo que hablar con él.*
- **tú** ➜ pronombre personal
  – *Tú eres muy alto.*
- **mí** ➜ pronombre personal con preposición
  – *Ese regalo es para mí.*
- **té** ➜ bebida
  – *¿Prefieres té o café?*
- **se** ➜ 1ª persona singular del verbo saber
  – *No sé cómo hacer esta actividad.*
- **sí** ➜ adverbio afirmativo
  – *¿Estudias español? Sí, y me gusta mucho.*

Sin tilde

- **el** ➜ artículo determinado
  – *El profesor es muy simpático.*
- **tu** ➜ adjetivo posesivo
  – *Tu hermana quiere venir al cine con nosotros.*
- **mi** ➜ adjetivo posesivo
  – *Mi casa está muy lejos de la escuela.*
- **te** ➜ pronombre personal de objeto directo e indirecto
  – *Te quiero.*
- **se** ➜ pronombre
  – *Se llama Juan.*
- **si** ➜ conjunción condicional
  – *Si llueve, vamos a la escuela en autobús.*

8.30 Ahora, escribe la tilde en las palabras necesarias.

a. No se hablar francés.
b. Se levanta todos los días a las ocho.
c. ¿Quieres que te prepare un te?
d. Mi abuela no entiende mi nueva computadora.
e. El salón de mi casa no es muy grande.
f. ¿Tu sabes si viene el?

PAISAJES LATINOS

8.31 **¡PREMIO! ¡Una agencia de viajes te regala una estancia en uno de estos destinos! ¿Sabes cómo se llaman estos lugares? ¿Dónde crees que están?**

1. ....

2. ....

3. ....

8.32 23 **Escucha los siguientes anuncios de viajes y comprueba los nombres de los lugares y paisajes de la actividad anterior.**

- Anuncio 1:
  Nombre: ....
  País: ....
- Anuncio 2:
  Nombre: ....
  País: ....
- Anuncio 3:
  Nombre: ....
  País: ....

8.33 **Vas a preparar un viaje con tus amigos a uno de estos lugares. Elige dos de estos objetos y explica por qué los necesitan.**

8.34 **Lee estos textos y completa el cuadro de la página siguiente.**

El Salto Ángel es la cascada más alta del mundo, con una altura de 980 m. Situado en Venezuela, está declarado Patrimonio de la Humanidad por la Unesco desde 1994. El Salto no puede ser visto los días nublados.

E. CULTURA

El lago Titicaca es el segundo lago más grande de América del Sur y el lago navegable más alto del mundo.
Tiene una extensión de 8.372 km^2 y está ubicado en el altiplano peruano-boliviano. En el verano austral (diciembre a marzo) son frecuentes las tormentas sobre el lago.

El Llullaillaco es un volcán ubicado en la Cordillera de los Andes, en la frontera de Argentina y Chile. Con una altitud de 6.739 m sobre el nivel del mar, es la sexta montaña más alta de América y es considerado el cuarto volcán más elevado del planeta. En los meses de invierno (junio-agosto) la temperatura puede llegar a -30°C.

La península Valdés es un accidente costero, sobre el mar argentino, declarado Patrimonio de la Humanidad en 1999. Tiene una superficie de 349.862 ha y es una Reserva Natural Turística conocida en todo el mundo por la visita de la ballena franca austral a sus costas. En invierno, el clima es frío, predominantemente por debajo de los 5°C. En verano, es un lugar muy caluroso.

El archipiélago de San Andrés, Providencia y Santa Catalina está en Colombia, localizado en el Caribe suroccidental y tiene una extensión total de 350.000 km^2. Este paraíso es el único de Colombia que está compuesto por islas, cayos e islotes sobre una plataforma volcánica.
En 2001 la Unesco declara al archipiélago "Reserva de la Biosfera de Flora Marina".

Accidente geográfico	Su nombre	¿Dónde está?	Altura Extensión	Su importancia en el mundo	Clima

8.35 **Vas a preparar un anuncio para una página web sobre uno de estos lugares. Busca información en Internet y escribe un texto que describa el lugar.**